퍼스널이미지와 매너

Personal Image & Manner

퍼스널 이미지와 매너

지희진 · 한혜숙 · 박연희 · 최인희 · 윤현조
공저

양성원

퍼스널 이미지와 매너

Personal Image & Manner

프롤로그

PROLOGUE

글로벌 시대에 한 개인을 매력적으로 만들어 주는 이미지와 매너는 본인의 경쟁력은 물론 나아가 국가 이미지를 만드는데 초석이 된다. 이미지와 매너는 각자가 가진 내면의 품성을 하나의 채널을 통해 겉으로 표현하는 하나의 의미 있는 의식이다. 인간은 사회적 동물로서 원만한 사회생활을 하려면 우선적으로 자기 관리가 선행되어야 한다.

즉, 현대 사회의 '교양인'은 기본의 마음가짐, 몸가짐, 용모복장 등을 바르게 행하여 상대방을 기분 좋게 해주는 자기 조절 능력이 반드시 필요하다. 이는 비록 개인 이미지와 매너이지만 이것은 인간관계의 기초가 되는데 매우 중요한 의미를 지니기 때문이다.

본서는 직장에서는 활용서로 대학에서는 교재로 사용할 수 있도록 각 장별로 학습목표를 제시하고 실질적 행동으로 실천해 나갈 수 있도록 개인의 개선을 위한 실천항목에 집중하였다. 제1장에서는 퍼스널 이미지에 관련하여 이미지 메이킹, 컬러, 패션, 퍼스널 코디네이션 그리고 메이크업과 헤어, 취업전략에 따른 이미지에 대하여 다루었다.

제2장에서는 비즈니스 매너에 관련하여 매너의 중요성과 자기관리, 인사, 악수, 명함매너 그리고 커뮤니케이션의 소통매너, 전화매너와 이메일 매너를 다루었다. 또한 고객응대와 접객매너를 이해할 수 있도록 준비하였다. 이를 통해 준비된 교양인으로 거듭나는 것은 물론 긍정적인 코리아 브랜드를 만들 수 있도록 초석을 다지기를 바란다.

모쪼록 본서를 통해 국제사회에서 퍼스널 이미지를 구축하고 호감 주는 매너를 숙지한 성공적인 여러분의 모습을 기대하며 본인이 원하는 분야에서 성숙한 리더가 되어 그 역량을 한껏 발휘하길 바란다.

마지막으로 아직도 원고의 미숙함에 몸 둘 바를 모르는 이 마음을 다시 한 번 추스리며 본서의 원고를 함께 준비해주신 교수님들께 존경과 신뢰를 표현한다. 또한 적극적으로 출판에 도움을 주신 양성원 식구들에게 감사의 마음을 전한다.

2016년 12월

저자를 대표하여 **지 희 진**

CONTENTS

제II부. 비즈니스 매너

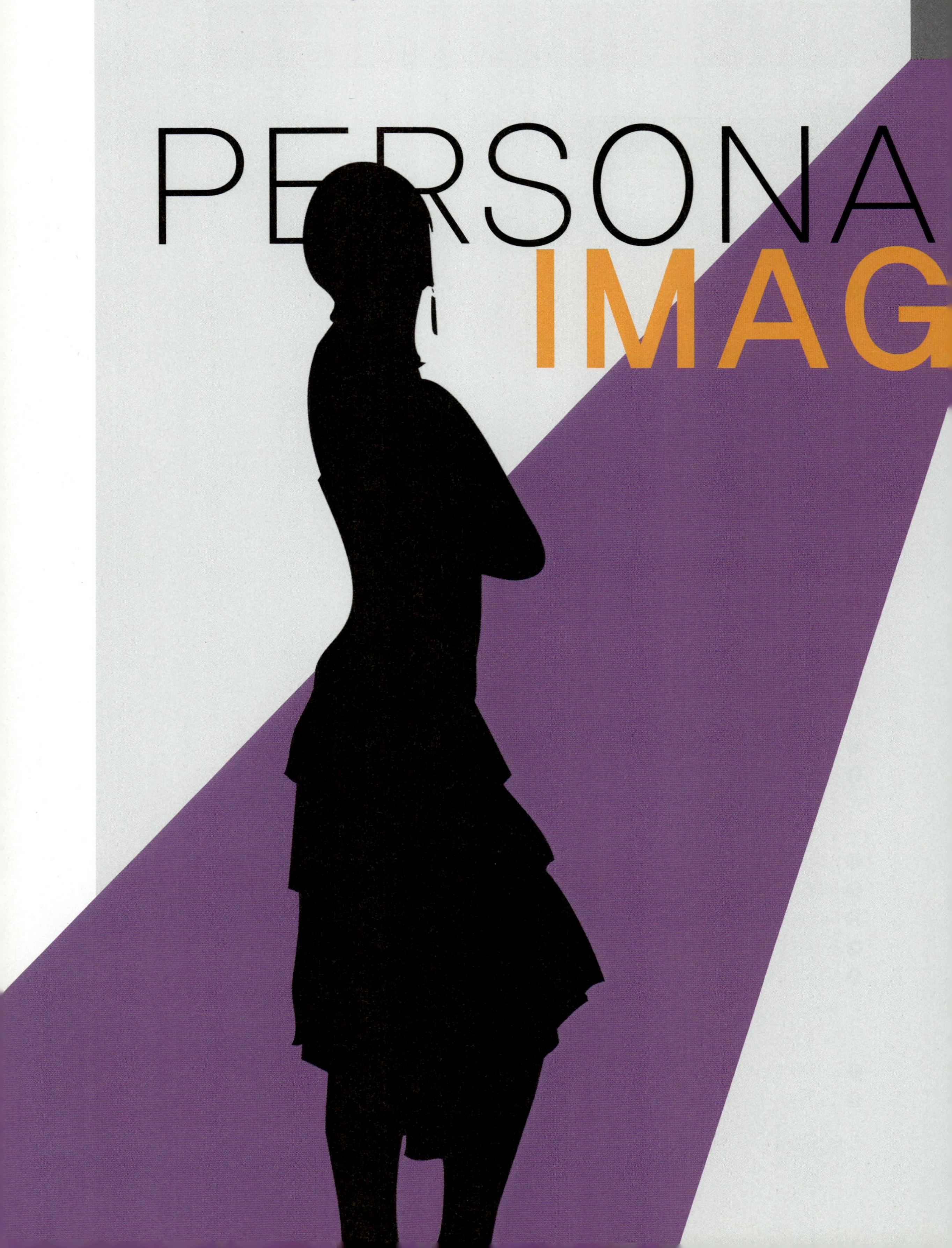
PERSONA
IMAG

어떤 사람이 전혀 모르는 사람을 만나는 경우 짧은 시간 동안에 상대의 성별, 나이, 체격 등 겉으로 드러나는 것뿐만 아니라 성격, 신뢰감, 성실성 등 내면적인 것들도 어느 정도 파악된다.

[미국의 심리학자 앨포트]

제I부

퍼스널 이미지

제1장

이미지 메이킹

1. 이미지의 정의와 인식
2. 이미지의 구성요소
3. 이미지 연출의 중요성

[학습목표]

1. 이미지의 정의와 인식을 이해할 수 있다.
2. 이미지의 구성요소를 이해하고 설명할 수 있다.
3. 이미지의 중요성을 인식하고 직접 연출할 수 있다.

제1장
이미지메이킹

1. 이미지의 정의와 인식

① 이미지의 정의

감각 대상에 대한 감지된 정보가 마음속에서 정보처리의 과정을 거치며 재구성되어 만들어지는 현상으로 어떤 사람이나 사물에 대해 갖는 시각상이나 기억인상 평가 및 태도의 총체이다.

> 영상으로부터 전해져 오는 느낌과 그 느낌에 대한 인식 주체의 확신은 실재하는 것을 뛰어넘을 만큼 강력한 영향력을 발휘한다.
> (image is stronger than realuty)

이미지의 사전적 정의는 심상(心象), 즉 '마음에 투영된 영상'이라는 뜻을 갖는다. 이미지는 어떤 대상에 대해 각자의 취향과 주관에 따라 만들어진 생각의 덩어리로 이미지는 실재하는 것보다 더 강력하게 영향을 미치기도 한다(Image is stronger than reality.).

② 이미지의 인식 통로

알버트 메러비안에 따르면 어떤 사람에 대한 지각은 시각적 정보와 청각적 정보, 그리고 대화 내용에 따라 결정된다고 한다. 그의 이론에 따르면 이미지는 외모, 표정, 제스처 등의 시각적 요소 55% 음성, 어투, 말의 속도 등의 청각적 요소 38%, 말의 내용 7%에 의해 결정된다는 것이다.

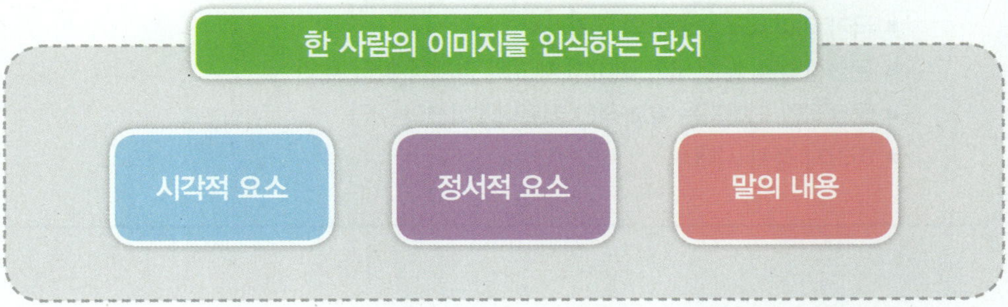

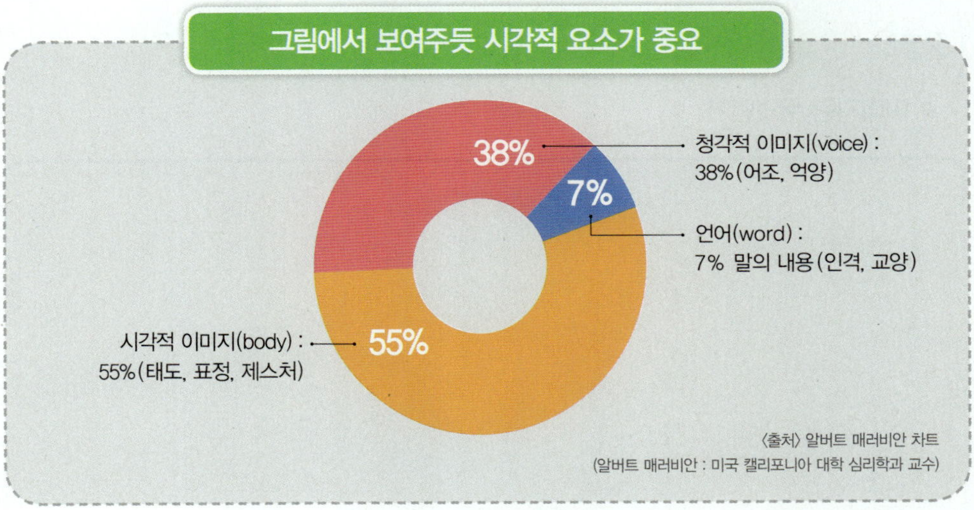

③ 이미지 경쟁 시대

기업이나 국가 개인의 경쟁력은 각자의 이미지에 의해 결정되며 현대는 이미지로 경쟁하는 시대다. 그러므로 더 좋은 서비스를 제공하기 위해서나 개인의 목표를 달성하기 위해서는 각자의 이미지를 잘 분석하고 관리할 필요가 있다. 현재 자신의 이미지는 미래를 보여 주는 신호이며 자신의 목표를 보여 주는 것이기도 하다.

| 현실 속의 이미지 파워 |

- 기업에 입사할 때
- 고객이 제품을 선택할 때
- 비즈니스 시 거래를 결정할 때
- 국가 이미지와 수출품의 부가가치
- 문화산업을 통한 국가 이미지 제고의 경제적 파급 효과
- 긍정적인 이미지는 효과적인 커뮤니케이션의 수단
- 이미지 정치 시대

| 활동하기 |

● 이미지란 무엇인가

내가 생각하는 내 이미지 + 남이 보는 내 이미지 = 나의 이상적인 이미지상 구축

● 나의 이미지 찾기

내가 바라보는… 내가 생각하는 이미지는?

상대에게 비춰지는… 상대가 생각하는 이미지는?

| 쉬어가기 |

● 이미지메이킹의 사례

어떤 사람이 전혀 모르는 사람을 만나는 경우 짧은 시간 동안에 상대의 성별, 나이, 체격 등 겉으로 드러나는 것뿐만 아니라 성격, 신뢰감, 성실성 등 내면적인 것들도 어느 정도 파악된다.

[미국의 심리학자 앨포트]

2. 이미지의 구성요소

① 이미지를 구성하는 요소

내적 이미지는 가치관, 신념, 이성, 지적 수준, 인간미, 신뢰감, 역지사지의 마음(정성어린 태도로 상대방을 배려하는 태도), 겸손함 등을 통해 은연중에 표출되지만 용모, 복장, 태도, 표정, 메이크업, 자세 등에 의해 표현되는 외적 이미지는 보다 직접적이며 짧은 시간 안에 전달된다.

이미지 = 내적 이미지(personality, 인성) + 외적 이미지(appearance, 외모)

1) 표정 이미지

표정 이미지

- 표정은 눈과 입의 표정에 따라서 달리 표현됨
- 상대에서 호감도를 주기 때문에 얼굴의 눈, 입의 표정을 밝게 훈련하여 원만한 대인관계를 형성해 줌

● 웃는 표정과 화난 표정

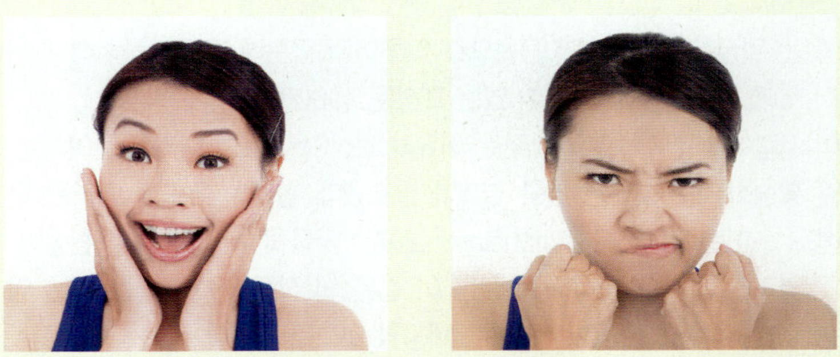

나는 어떤 얼굴 표정에 가까운가?

| 활동하기 |

- 행운을 부르는 인상 만들기

> ▪ 매일 시간을 정해서 거울을 보고 연습한다.
> ▪ 입 꼬리가 반드시 위로 향하도록 근육 훈련을 한다.
> ▪ 눈으로 웃는 연습을 한다.
> ▪ 기분 좋은 생각과 긍정적인 마인드를 갖는다.
> ▪ 좋은 음악을 듣는다.
> ▪ 어린아이들과 자주 시간을 보낸다.

- 미소의 효과

① 마인드 컨트롤 : 계속 웃다 보면 기분이 좋아지고 기분이 좋아지면 마음이 안정됨을 느낀다.

② 건강증진의 효과 : 실제로 많이 웃다보면 우리 몸에서 저절로 건강에 영향을 미치는 호르몬이 나오며 미국의 조일굿먼 박사에 의해 웃음이 건강학적으로 미치는 영향에 대해서 조사한 바 있다.

③ 호감을 주는 효과 : '웃는 얼굴에 침 못 뱉는다'는 말이 있듯이 언제나 밝게 웃는 표정은 적극적이고 밝고, 상냥하며, 신뢰를 줄 수 있도록 해준다.

웃으면 건강해진다?

우리 웃는 얼굴은 80여 개의 근육으로 이루어져 있는데, 이중 웃을 때 사용되는 근육이 50개, 이 근육이 만들 수 있는 표정은 7,000여 가지에 이른다.
웃음이 사람에게 건강을 가져다주는 이유가 보상(Rewards) 심리에 관여하는 뇌의 신경망 활성화 때문이라는 연구 결과가 발표됐다. 활성이 유도된 영역은 우울증 치료에도 쓰이는 암페타민(Amphetamine)이란 약물을 처리할 경우 활성이 감지되는 영역과 일치한다. 웃음과 관련된 이 같은 뇌 작동을 이해하는 것은 앞으로 우울증을 연구하는 데 중요한 단서를 제공할 것으로 보인다.

출처 : 한국과학기술정보연구원

좋은 표정의 포인트

① 상황과 대상에 맞는 표정입니까?

② 고개가 한쪽으로 기울어지지 않았습니까?

③ 턱을 들고 있지 않습니까?

④ 상대방의 눈을 바로 보고 있습니까?

삼가야 할 표정

① 아무 생각 없는 듯한 멍한 표정

② 무표정하게 상대를 바라보는 표정

③ 눈이 마주쳤을 때 바로 상대를 피해버리는 표정

④ 상대방을 흘겨보거나 계속 지속적으로 바라보는 표정

표정관리 훈련법

눈썹, 눈 운동

① 손가락을 수평으로 눈썹에 닿을 듯 말 듯 할 정도로 한일자로 대고 눈썹만 상하로 올렸다 내렸다 한다.

② 눈을 감고 마음을 안정시킨다.

③ 눈을 크게 뜨고 눈동자를 상하좌우로 눈동자를 굴린다.

④ 눈동자를 오른쪽으로 회전하고, 왼쪽으로 회전한다.

입, 뺨, 운동

① 공기를 입 안 가득히 담고, 뺨을 상하좌우로 굴린다.

② 공기를 가득 머금고, 우물우물하여 내뱉는다.

③ 뽀뽀하듯이 입술을 쭉 앞으로 내밀어 '이' 발음과 함께 양 입술 끝을 벌린다.

④ '와이키키' 발음과 함께 스마일 라인을 만든다.

- 호감 가는 시선처리

① 눈 맞춤은 대표적인 비언어적 의사소통방법이다.

② 시선을 통해 주고받는 메시지는 의식적으로든 무의식적으로든 비교적 쉽게 이해하고 받아들인다.

③ 마음의 창이라 불리는 눈으로 전달하는 신호가 의사소통의 중심을 이루기 때문이다.

④ 눈의 동공은 우리가 '의식적'으로 통제할 수 없는 신호를 보내고 반대로 그런 신호를 '무의식적'으로 받아들인다.

2) 태도 이미지

태도 이미지

- 사람의 마음을 편안하게 해줄 수 있는 것은 상대방에 대한 존중의 마음으로 자연스러운 태도임
- 가장 기본의 정중한 인사는 상대에 대한 예를 뜻하며 반가움을 주게 됨
- 인격을 나타내는 중요한 매체가 되므로 선 자세, 앉은 자세, 걷는 자세, 바른 자세와 말할 때의 제스처 등 자신의 이미지를 결정하게 하는 요인이 됨

3) 화법 이미지

화법이미지

- 인간관계에서 말씨는 모든 행도의 기본으로, 우리가 지켜야 할 매너 중에서 말은 행동으로 표현됨
- 바른 대화법으로 친절하게 대하며, 반갑게 인사말을 전하는 것은 그 사람의 인성과 인격을 전하게 하는 중요한 역할을 함

| 효과적인 대화법 |

- 명랑하고 굴곡 있는 목소리를 사용한다.
- 상대의 언어로 말하라.
- 전문용어 사용을 최소화하라.
- 눈을 보고 말하라.
- 상대와 정면이 되도록 한다.
- 품위 있는 어휘와 표현을 써라.
- 진지하고 열의 있는 태도로 대화하라.
- 말과 제스처를 적절히 섞어서 사용하라.
- 비언어적인 메시지를 자주 활용하라.
- 적정한 맞장구와 질문을 던져라.
- 남보다 반 박자 앞선 화제를 구사하라.

4) 용모 이미지

용모 이미지

- 외모가 상대방에게 호감을 줄 수 있는 정도는 개인의 특성과 성향에 따라 다르지만 용모와 복장은 상대에게 친근감과 편안함이 전달됨
- 너무 요란하고 화려한 이미지 연출로 타인에게 거부감을 느끼게 하지 않는 것이 좋음
- 개인의 외모는 자신의 개성과 상황에 맞는 스타일로서 전체적인 조화로움으로 연출하는 것이 좋음

당신의 이미지가 당신을 말해줍니다

"Your Image Says who you are."

보이는 이미지는 보이지 않는 내면의 실상

'모든 사람은 당신이 어떤 사람인 것처럼
보이는가는 알지만, 실제로 당신이 어떤
사람인가를 아는 사람은 거의 없다.'
- 마키아벨리 Machiavelli-

memo

3. 이미지 연출의 중요성

1 이미지메이킹 어떻게 할까?

효과적인 이미지메이킹은 무엇을 보여 줄 것인가의 고민보다는 어떻게 보여 줄 것인가를 결정하는 것이 핵심이다. 특히, 예비 사회 진출을 앞둔 대학생이나 이직을 희망하는 직장인들의 경우 이미지메이킹을 통해 자신의 장점은 부각시키고 단점을 보완하여 다양한 자신의 잠재력을 표현할 수 있어야 한다.

1. 이미지 연출방법

- 활기차고 건강한 모습을 유지하라.
- 늘 자신의 이미지를 의식하고 관리하라.
- 누군가와 마주치면 자신감 있는 미소를 보내라.
- 자신의 감정을 조절하고 화난 상태에서 말하지 말라.
- 서두르거나 지나친 욕심을 내지 말라.
- 상대의 입장을 배려해 주고 상대의 자존심을 지켜줘라.
- 상대가 누구든 만나는 모든 사람에게 최선을 다하라.
- 주장은 적게 하고 경청하라.
- 유머 감각을 발휘하라.
- 깔끔한 외모를 연출하라.

2. 시대 변화에 따른 이미지 연출

그 시대에 가장 적합하고 설득력 있는 이미지는 당시 상황과 패러다임에 맞아야 한다. 즉, 역할에 맞는 이미지 변신과 관리가 필요하다.

복수 감각형 인간	➡	시각 중심형 인간
마초적 터프함	➡	부드러움 속의 섹시함
물질 가치와 실제적 가치	➡	성에 의한 이미지 가치
인내. 겸양. 순종	➡	정직. 유머. 센스

memo

이미지메이킹의 7단계

1단계 자신을 잘 안다.

2단계 자신의 모델을 설정한다.

3단계 자신을 개발한다.

4단계 자신을 연출한다.

5단계 자신을 포장한다.

6단계 자신을 판매한다.

7단계 자신에게 진실하다.

이미지메이킹은 상황에 맞는 자기표현을 위해 자신을 디자인해 나가는 과정

| 생각해 보기 |

트레이닝복은 인격이 아니라 동물격

거스 히딩크 전 국가대표 축구팀 감독은 운동장에서도 정장 차림을 고집했다.

품격은 옷에서 나오는 게 아니라 바른 자세에서 나온다. 한국의 톱 탤런트는 물론 심지어 슈퍼모델조차도 해외진출이 불가능한 원인 중의 하나가 바로 이 바르지 못한 자세 때문이라면 다들 설마라고 할 것이다. 그러나 패션쇼 사진을 비교해 보면 금방 알 수 있다. 하나같이 엉거주춤 굽은 자세로 당당함을 잃었다.

한국의 거의 모든 스포츠 선수들은 정장에 대한 개념이 거의 없다. 고작 국가대표 선수가 되어 국제대회 참석 때 입는 단체복 정도다. 동네 골목에선 트레이닝복 바람에 슬리퍼 끌고 다니는 체육관 관장이나 아이들을 자주 본다.

많은 한국 선수는 국내든 해외든 입단 사인하는 공식적인 자리에서 정장 대신 트레이닝복이나 티셔츠 차림이다. 성인(成人)이 아닌 미성년 취급받고 있음도 눈치채지 못한다. 그 정장 한 벌 때문에 국격은 고사하고 자신들의 값어치가 얼마나 디스카운트당하는지, 연봉(年俸) 외에 마땅히 따라와야 할 알파(부가가치)를 다 놓치고 있음을 알 리가 없다.

'스포츠 선수니까 그런 차림이 당연한 것 아니냐?'고 할는지 모른다. 하지만 기실 운동 그 자체는 동물격(動物格)이다. 인격(人格) 함양 어쩌고 하는 건 구실이다. 실은 인간이 문명화하면서 차츰 망각 내지는 퇴화(退化)하고 있는 동물적 야성(野性)을 되살리는 행위다. 여기에 이왕 절제미, 규율미, 우아미 등 미학적·도덕적·오락적 요소를 가미시켜 인격화, 상품화한 것이 오늘날의 스포츠다. '난 운동선수니까 매너니 품격이니 하는 거추장스런 것은 배운 적도 없고 또 필요도 없다. 그러니 그냥 막 입고 다녀도 된다'는 발상은 말 그대로 스스로 인격을 포기하는 소치다.

누구든 선수이기 이전에 한 인격체다. 운동장을 벗어나면 즉각 인격으로 되돌아와야 한다. 그걸 매너, 정장으로 표현하는 것이다. 이는 축구스타 베컴을 비롯한 외국 유명 스포츠선수들과 비교해 보면 금방 알 수 있는 일이다.

한국 선수나 감독들은 이런 이치를 모른다. 엘리트 체육이란 미명하에 어렸을 적부터 피동적인 훈련에 익숙한 한국 선수들이 스스로 생각하고 판단하고 행동하기란 쉽지 않다. 해서 스스로는 정장 하나도 제대로 못 갖춰 입는 것이다.

올림픽 금메달을 목에 건다고 인격이 금격(金格)이 되는 게 아니다. 아무 데나 모자 쓰고 트레이닝복이나 러닝셔츠 바람으로 돌아다니는 게 운동선수의 특권(特權)은 아니다. 심하게 말하자면 우리 밖을 어슬렁거리는 짐승격이다.

자기존중은 자기가 하는 것이지 누가 챙겨 주는 것이 아니다. 스스로가 자신을 존중하지 않으면서 남에게서 존중받으려는 건 넌센스다. 그런 사람이 남을 제대로 존중할 줄 알까? 배려가 뭔지 알기는 할까? 어떤 분야에서든 영웅이 되기 전에 먼저 신사가 되어야 한다.

인간사회에서 貴賤은 없을 수 없어

흔히들 하기 쉬운 말로 반상(班常)의 구별이 없어졌다고는 하지만, 기실 문명사회에서 사람과 사람의 차별이 없다는 것은 어불성설(語不成說)이다. 차이, 차별 없이는 발전이나 진보가 성립되지 않기 때문이다. 만약 그런 사회가 있다면 그건 극락이거나 야만이겠다.

한국의 중·고교 교사들의 행색을 보면 과연 저 사람들이 선생일까 하는 생각이 절로 들 때가 많다.

가령 세월호 참사 40여 일 후 모(某) 신문에 '세월호를 말한다'는 집담회에 다섯 명의 중·고교 교사들이 나온 적이 있는데, 그들의 복장이 가관이었다. 추념적 분위기는 고사하고 공적 이슈를 다루는 공개석상에 너절하기 짝이 없는 옷을 걸치고 나왔다. 정장 개념 완전 제로. 그렇게 스스로 품위를 갖추지도 못하면서 무슨 사건만 터지면 교권(敎權) 침해, 교사의 권위 추락, 선생 대접 안 해 준다며 불평한다. 특히, 진보를 주창하는 교사들일수록 더 심하다. 사진이 먼저 눈에 들어오는 바람에 기사를 읽기도 전에 말 다르고 행동이 다를 것이라는 선입견이 들어 그들 주장에 신뢰가 가지 않는다.

명가(名家)! 고품격(高品格) 가풍을 가진 집안들을 보면 대부분 잘산다. 이런 가문은 설사 가세가 기울어 어려움에 처해도 쉽게 포기하거나 타락하지 않고 빠르게 회복하는 힘을 지니고 있다. 그러니 사소하다고 무시하지 말고 남다른, 남보다 우월할 수 있는, 자기 존엄성을 확보할 수 있는 매너로 품격을 갖추는 것, 그런 게 진정한 지혜라 하겠다.

남을 함부로 대하는 사람을 무례(無禮)하다고 욕하지만 자기를 함부로 하는 사람을 우리는 천박(淺薄)하다고 한다. 정장 매너는 가장 기초적인 자기존중이자 상대에 대한 배려다. 언제나 그렇듯 한국은 하드웨어(物格)보다 소프트웨어(人格)가 문제다. 시민 한 사람 한 사람의 품격이 곧 국격이다. 그리고 그것만이 우리가 선진국으로 발돋움할 수 있는 부가가치를 창출할 수 있다.

memo

제2장

컬러 코디네이션

1. 컬러 스타일링의 실제
2. 컬러에 따른 이미지
3. 컬러 코디네이션 연출

[학습목표]

1. 컬러가 지니고 있는 컬러와 톤의 속성을 이해할 수 있다.
2. 기본 컬러가 가지고 있는 각각의 이미지를 이해할 수 있다.
3. 컬러를 통해 전략적으로 코디네이션을 활용할 수 있다.

제2장
컬러 코디네이션

1. 컬러 스타일링의 실제

컬러(Color)는 일상생활에서 가장 많이 접하면서도 컬러를 활용하는 데 있어 어려움을 느끼는 경우가 많다. 컬러는 감성을 자극하는 데 중요한 역할을 하기도 한다. 그러다보니 최근에는 감성을 자극시키는 디자인, 마케팅, 심리 분야에서도 컬러를 중요한 요소로 포함한다. 컬러는 사람의 이미지, 기업의 이미지, 국가의 이미지를 결정하는 중요한 요소이기도 한다. 따라서 컬러가 가지고 있는 속성들을 잘 이해하고 이를 잘 적용시키면 생활 속에서 컬러와 조화를 이루어 살아가는 방법을 알 수 있을 것이다.

개인이미지를 위한 패션 스타일링으로는 때와 장소, 상황에 따른 전략적 컬러 활용으로 감각적 스타일링을 할 수 있을 것이다. 그렇다면 컬러가 가지고 있는 근본적인 속성과 원리를 알아보자.

색을 나타내는 방법은 먼셀의 표색계 NCS(Natural Color System)와 색의 3속성(색상, 명도, 채도)을 혼합시켜 만든 PCCS(Practical Color Co-ordinate System)의 색조(Tone) 분류법이 있다.

1 컬러의 속성

색은 무채색(achromatic color)과 유채색(chromatic color)으로 나뉜다. 여기서 무채색은 흰색과 여러 단계의 회색, 검은색과 같은 색감이 없는 계열의 색을 말한다. 유채색은 색감이 있는 계열의 색으로 색상, 명도, 채도의 3속성을 가지고 있다. 이러한 속성은 각각의 해당 컬러의 성격과 느낌을 보여 주며, 3속성을 잘 활용하면 멋진 스타일링을 기대할 수 있다.

1) 색상(Hue)

색상은 색의 주어진 차이에 따라 색채를 구별하기 위한 것으로 빨강, 노랑, 파랑이라는 이름을 말한다. 빛의 파장 차이로 스펙트럼이 나타나는 빨강, 주황, 노랑, 초록, 파랑, 남색, 보라 등이 다르게 보이게 된다.

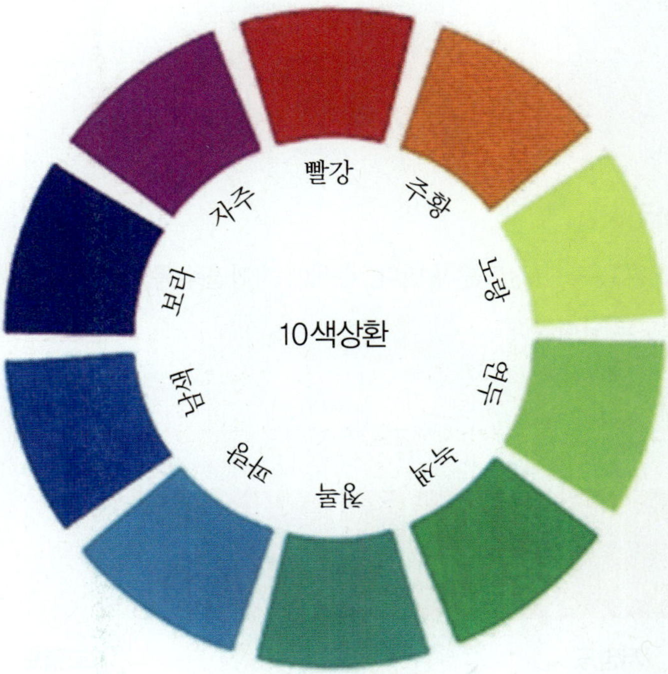

〈그림 2-1〉 10색상환

2) 명도(Value)

명도는 색의 밝고 어두움의 정도를 말한다. 순백(純白)을 10으로 하고 순흑(純黑)을 0으로 하여 11단계로 구분하며, 10~0의 사이는 회색이다. 명도단계에서도 밝기가 높은 고명도, 밝기가 어두운 저명도, 그 사이를 중명도라 한다.

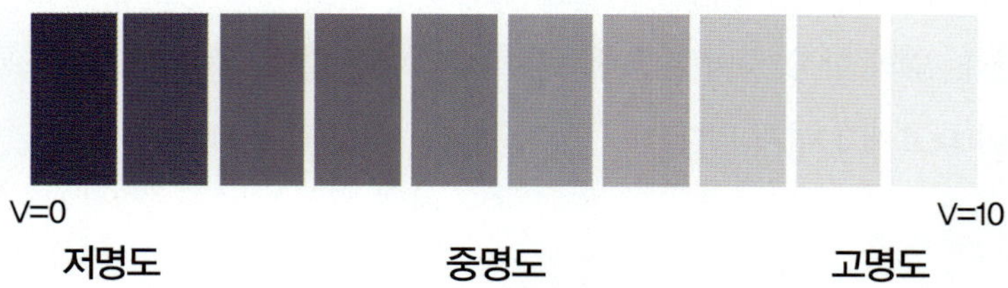

〈그림 2-2〉 명도단계

3) 채도(Chroma)

채도는 색의 맑고 탁한 정도를 말한다. 순색에 가까울수록 채도가 높아지고, 순색에서 멀어질수록 채도는 낮아진다.

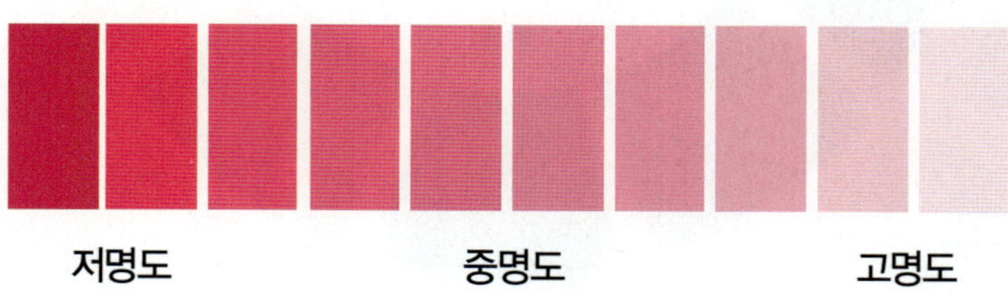

〈그림 2-3〉 채도단계

2. 컬러에 따른 이미지

색을 선택하는 데 있어 3가지로 구분을 하면 환경과 상황에 따라 무의식적으로 잠재되어 좋아하는 색, 내 피부 톤에 잘 어울리는 색, 색과 색의 조화로움의 색이다. 색은 사람을 평온하게, 때로는 자극을 가하기도 한다. 또한 흥분을 일으킬 수도 있고 진정을 시킬 수도 있으며, 짜증을 더하거나 즐거움을 전달하기도 한다. 아이가 태어나면서 많이 접하게 되는 것이 양육자로부터 영향을 받은 색이기도 하고, 자라면서 심리적인 면과 환경적인 면에 따라 좋아하는 색의 선택이 좌우되기도 한다. 색은 우리 환경, 생산성, 사교활동, 건강의 상태까지도 개선시킬 수 있다. 저마다 가지고 있는 색의 특성과 연상되는 이미지를 가질 수 있다.

1 컬러의 분류

1) 빨간색(Red Color)

빨간색은 사랑, 활력, 정열, 불, 태양, 식욕, 남성적, 기쁨, 자신감, 성적 자극, 추진력을 연상시키는 에너지가 넘치는 색이다. 이 색을 좋아하는 사람은 적극적, 능동적, 성장, 번영, 외향적인 성향이 많다. 빨간색은 따뜻하고 진취적인 색이어서 기분을 상승시키고, 식욕을 증진시키는 효과가 있다. 분위기를 낼 때 빨간 장미를 사용하기도 하고, 크리스마스카드와 연인들이 고백을 하기 위해 사용하기도 한다. 부정적인 이미지로는 분노, 공격성, 위험, 금지, 흥분 등을 가지고 있다.

〈그림 2-4〉 빨간색

2) 주황색(Orange Color)

주황색은 빨간색과 노란색의 혼합색으로 경쾌함, 친근함, 따스함, 낙천적, 기쁨과 행복, 자유로움, 젊음, 명랑함, 사교적인 즐거움을 주는 색이다.

주황은 오렌지, 당근, 노을, 신선한 채소, 주방이나 레스토랑 같은 친목을 위한 장소의 공간에서 활용하게 되면 효과적이다. 주황색을 좋아하는 사람은 사교적이며 밝고, 낭만적인 성격을 지니고 있으며 이론보다는 사고를 좋아한다. 부정적인 이미지로는 가벼움, 경박함, 자유분방함, 비현실적, 산만함, 천박, 충동 등을 가지고 있다.

〈그림 2-5〉 주황색

3) 노란색(Yellow Color)

노란색은 밝고 명랑함과 생기가 넘치는 색으로 행복, 순수, 호기심, 영원한 빛, 화사함, 지식과 지혜, 희망 등을 갖게 하는 긍정의 에너지 색이다.

노란색은 명시성이 높아 도로의 선, 교통 표지판, 유치원 버스, 아동복에 많이 사용되고 있다. 노란색은 종교적으로는 불교에서의 깨달음의 색으로 부처의 귀의(歸依)의 상징이며, 이슬람에서는 지혜의 상징으로 뜻한다. 이 밖에도 정신적인 활동에도 도움이 되어 창의적인 사고, 아이디어 발상에 도움을 주는 색이다. 노란색을 좋아하는 사람은 개성이 있어 자기표현이 강하고, 자유로운 성향을 가지고 있으며 사회에서 관심을 받고 싶어 하는 성향을 가진다. 부정적인 이미지로는 유아적, 속임수, 기만, 경멸, 거짓과 배신, 정신분열, 불안 초조, 질투, 인색함 등을 가지고 있다.

〈그림 2-6〉 노란색

4) 초록색(Green Color)

초록색은 중용과 조화, 균형을 상징하며 가장 편안하고 자극이 없는 중성색이다. 초록은 울창한 숲의 편안함과 성실함, 정화적용, 건강, 결실의 색, 성장, 건강을 상징하는 휴식 같은 색이다.

최근에는 웰빙의 트렌드로 인해 '건강'과 관련된 분야에서 주로 사용하고 있는 색이기도 하다. 초록을 좋아하는 사람은 성실하고 보수적인 성향을 가지며 부정적인 이미지로는 침체와 퇴보, 지루함, 짜증, 엄격함, 보수적인, 평범한 이미지 등을 가지고 있다.

〈그림 2-7〉 초록색

5) 파란색(Blue Color)

파란색은 신뢰와 냉정을 상징하여 지적이고 이지적인 색이다.

파란색은 이성적인 색, 신뢰와 믿음, 조화, 성공과 비전, 차분, 진정, 평화와 희망, 내향적, 비즈니스, 전문성의 이미지가 있다. 파랑에는 하늘빛 같은 밝은 파랑계열과 조금 짙은 남색계열로 구분짓는데, 밝은 파랑은 낭만, 희망, 꿈, 이상향이라면 짙은 남색의 경우는 차분함과 신뢰감을 지니고 있어 비즈니스에 많이 쓰이는 컬러이면서도 엄격함의 성향을 가지고 있다. 부정적인 이미지로는 비현실성, 공상, 자기만족, 우울증, 무기력증, 침울, 공허함, 소극적, 내성적 이미지 등을 가지고 있다.

〈그림 2-8〉 파란색

6) 보라색(Purple Color)

보라색은 대중적이기보다는 귀족적이고 여성적이며 우아한 색이다.

보라색은 숭고함, 자기 존중, 고위함, 우아함, 신비스러운 느낌, 명상, 직관력이 뛰어남, 상상력이 풍부함 등의 이미지가 있다. 보라는 빨강과 파랑의 혼합색으로 빨강보다 더 화려하면서 파랑보다 더 깊은 우울함을 지닌 양면성이 짙은 두 얼굴을 가진 신비한 색이다. 과거에는 성직자나 귀족, 신분이 높은 특정 계층의 사람들에게만 활용된 색이기도 하다. 부정적인 이미지로는 정서불안, 고독, 허세, 비현실적인, 이상주의, 도도함, 외로움과 슬픔 등의 이미지를 가지고 있다.

〈그림 2-9〉 보라색

7) 분홍색(Pink Color)

분홍색은 여성스러움과 부드러움으로 모성애에 가까운 색이다.

분홍색은 다정함과 달콤함, 사랑스러움, 온화함, 가련함, 낭만적, 사랑과 행복의 이미지가 있다. 약혼식, 결혼식 후 신부드레스와 여자아이의 의류에 많이 쓰이기도 한다. 또한 분홍색은 부드러운 사랑스러운 이미지로 인해 로맨틱한 분위기를 연출하는 상황에 많이 사용하기도 하며 달콤한 맛을 상징하는 데 있어 사용한다. 부정적인 이미지로는 가련한, 비현실적, 자기만족, 애정결핍, 의존적 등의 이미지를 가지고 있다.

〈그림 2-10〉 분홍색

8) 갈색(Brown Color)

갈색은 클래식함과 보수적인 이미지를 주는 색이다.

성숙함과 풍요로움의 이미지를 전달해 주는 색으로 대중적인 색이기도 하다. 갈색은 차분함, 단순함, 소박함, 현실적인, 대지, 성실함 등의 이미지가 있다. 밝은 갈색은 부드러우며 내추럴하고 수수한 이미지가 있으며, 짙은 갈색은 고급스러운 중후함을 나타내기도 한다. 제품 이미지의 고급스러움과 깊은 맛을 더해주고자 할 때 짙은 갈색의 패키지 컬러로 사용하기도 한다. 부정적인 이미지에는 고집, 집요, 개성이 없는, 눈에 안 띄는, 촌스러움 등의 이미지를 가지고 있다.

〈그림 2-11〉 갈색

9) 흰색(White Color)

흰색은 그 어떠한 색도 가지고 있지 않은 순수하고 명백한 새로움의 시작의 색이다.

우리 민족은 '백의민족(白衣民族)'이라 불릴 만큼 순수함과 선함, 자유와 평화를 상징하는 의미로 흰색을 숭상하였다. 흰색의 새로운 시작과 순수함의 의미로는 결혼식에서의 웨딩드레스를 떠올린 것이다. 흰색은 새로움, 시작, 순수, 깨끗함, 완벽함, 평화로움, 순결, 숭고, 정화된 이미지 등이 있다. 부정적인 이미지에는 결백, 삭막함, 슬픔, 희생, 공허함 등의 이미지를 가지고 있다.

〈그림 2-12〉 흰색

10) 검은색 (Black Color)

검은색은 색중에서 가장 무난한 색으로 인식되어 가장 기본색으로 여기는 색 중 하나이다.

절제된 품위와 상대방을 제압하는 카리스마가 느껴지게 하는 색으로 견실, 금욕, 엄격, 권위와 규율, 신중, 절도, 고급스러움, 세련됨, 신앙 등의 이미지 등이 있다. 검정이 가지고 있는 모던하면서도 세련된 이미지로 흰색과 매치시키는 인테리어나 고가의 제품을 고급스럽게 대변하여 사용하는 컬러이기도 하다.

〈그림 2-13〉 검은색

패션에서는 검은색이 체형을 보완하여 축소시켜 보이게 하는 효과도 있지만, 몸집이 너무 큰 사람인 경우에는 중량감이 더해 보여 육중해 보일 수 있고, 마른 체형인 경우에는 더 왜소해 보이거나 예민해 보일 수 있기 때문에 적절한 코디네이션이 필요하다.

부정적인 이미지로는 죽음과 슬픔, 악의 상징, 폭력적인 성향, 보수적, 폐쇄적 등의 이미지를 가지고 있다.

2 색조의 분류

색조(Tone)는 색의 명암, 강약, 농담을 나타내는 색의 속성을 말한다. 동일색상이라 하더라도 색조에 따라 이미지와 성격이 다르게 표현되기 때문에 색의 이미지를 표현하거나 이미지배색에서는 중요한 역할을 하게 된다. 색조의 분류는 일본의 PCCS(Practical Color Co-ordinate System) 컬러 시스템에서는 12가지 색조로 구성되어 있고, 미국의 ISCC-NBS시스템, 한국KS표준색 등에서도 각각의 구성으로 되어 있지만, 한국인의 감각을 수용하면서도 세계적 범용성을 고려하는 방향으로 개발된 IRI색채연구소의 Hue&Tone 120을 활용하여 11가지의 색조로 분류한다. 색조는 가로축이 채도, 세로축이 명도로 가로축과 세로축이 만나는 점의 명도와 채도값이 모여 색조가 된다.

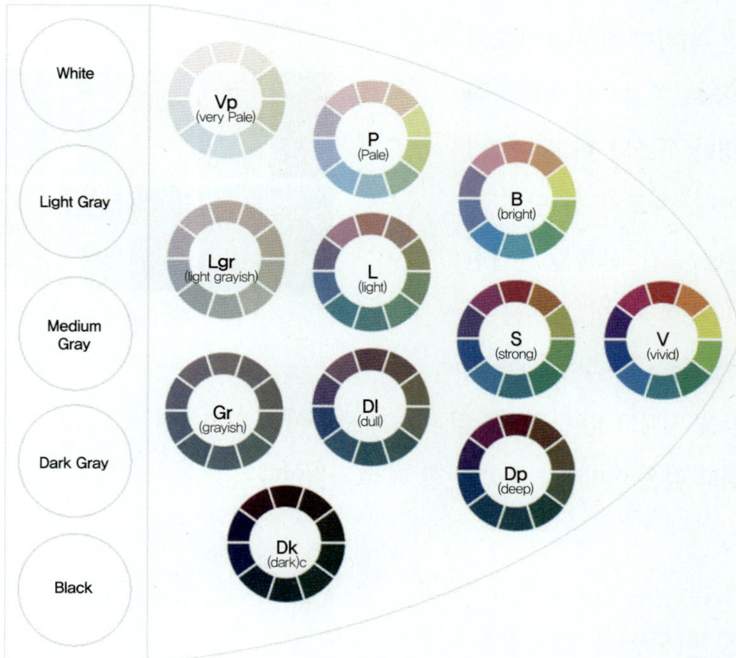

〈그림 2-14〉 색조의 분류

1) 비비드 톤(Vivid Tone)

〈그림 2-15〉 Vivid Tone

비비드 톤은 중명도의 고채도 색조로 무채색이 섞이지 않은 '순색'의 색으로 선명하고 활동적인 것이 특징이다. 고채도의 색으로 선명함과 가독성이 높고 색상마다의 성격의 뚜렷함이 있어 색을 사용할 때는 색상의 수를 조절해서 사용해야 효과적이다. 액티브한 이미지를 주는 스포츠웨어, 자유분방한 이미지, 패스트푸드 매장 등에 적용할 수 있다.

2) 스트롱 톤(Strong Tone)

스트롱 톤은 비비드 톤보다 채도가 조금 낮은 색조로 차분하면서도 강한 색조이다. 선명한 색조와 비교하여 명도값은 비슷한데, 채도가 한 단계 낮아 비비드 톤에 중간 회색을 혼합한 색조로 난색(따뜻한 색)의 경우는 명도 차이가 많이 난다. 색감이 살아 있으면서 차분함을 지니고 있어 화려함의 이미지 연출이나 민속풍의 에스닉한 이미지 또는 가을의 화려하고 깊은 이미지를 주고자 할 때 효과적이다.

〈그림 2-16〉 Strong Tone

3) 브라이트 톤(Bright Tone)

브라이트 톤은 밝은 색조로 비비드 톤에 흰색을 조금 혼합한 명색조로 명도가 높고, 채도도 높아 밝고 맑은 생동감 있는 색조이다. 이 색조는 생동감과 귀여움을 지니고 있으며 가장 젊고 발랄한 이미지를 지니고 있어 아동 관련 제품의 디자인에 효과적이다. 특유의 밝은 이미지로 아기자기하고 사랑스러운 유희적인 이미지를 주고자 할 때 효과적인다.

〈그림 2-17〉 Bright Tone

4) 페일 톤(Pale Tone)

페일 톤은 브라이트 톤보다 더 밝은 색조로 부드럽고 가벼운 파스텔 톤으로 흰색을 많이 혼합하여 여성스럽고 맑은 이미지를 가지고 있는 색조이다.

젊은 여성들이 선호하는 화장품 용기나, 리빙 제품, 부드럽고 섬세한 소프트한 느낌을 준다. 페일 톤은 낭만적이고 온화한 분위기로 행복함을 더해 주는 로맨틱한 이미지도 주지만 반면 연약한 이미지를 주기도 한다.

〈그림 2-18〉 Pale Tone

5) 베리 페일 톤(Very Pale Tone)

베리 페일 톤은 색조 중에서 가장 밝은 고명도의 저채도 색조이며, 흰색이 주를 이루고 있어 깨끗하고 맑은 이미지를 지니고 있다. 상쾌하고 어린 아이같이 맑고 순수하며 연약한 이미지가 있어 가벼운 이미지를 주고자 할 때 활용한다. 흰색을 주로 이루고 있는 저채도 색조로 색감이 느껴지지 않는 소극적인 이미지를 주기도 한다.

〈그림 2-19〉 Very Pale Tone

6) 라이트 그레이시 톤(Light Grayish Tone)

라이트 그레이시 톤은 밝은 회색이 혼합되어 명도는 밝지만 회색이 혼합되어 저채도의 흐린 이미지를 지니고 있다. 흐릿한 색조로 부드럽고 누구나 편안함을 느끼며 수수함과 은은하고 세련된 이미지를 동시에 표현하고 있다. 안정감과 동시에 편안함을 주는 인테리어나 패브릭의 소재에도 활용한다.

〈그림 2-20〉 Light Grayish Tone

7) 라이트 톤(Light Tone)

라이트 톤은 중명도에 중채도의 소프트한 톤으로 은은하고 내추럴한 이미지에 활용되는 색조이다. 라이트 그레이시 톤보다 채도가 높고 색감이 강해 더 풍성하고 자연적인 이미지를 지니고 있다. 라이트 톤은 배색으로는 다른 색조와 색상의 배색 변화보다는 유사색상과 유사색조의 배색을 통해 자연스러움과 차분한 이미지를 주는 것이 가장 효과적이다.

〈그림 2-21〉 Light Tone

8) 그레이시 톤(Grayish Tone)

그레시 톤은 덜 톤에서 회색을 섞어 만든 색조로 자칫 칙칙하고 차분하며 금욕주의적인 느낌이 강한 이미지를 지니고 있다. 저채도 저명도로 여성적인 이미지보다는 남성적인 이미지가 강하며 회색에 가까운 이미지로 도회적인 세련됨과 고급스러움의 이지적인 느낌을 주며 주변의 덜톤과 라이트 톤의 배색이 잘 되는 장점이 있다.

〈그림 2-22〉 Grayish Tone

9) 덜 톤(Dull Tone)

덜 톤은 저명도 중채도로 어둡지만 색감이 있어 차분하고 고풍스러운 느낌이 있다. 무겁고 딱딱한 이미지보다 중후하고 고상한 이미지로 엔틱함과

〈그림 2-23〉 Dull Tone

클래식함을 지닌 고풍스러운 색조이다.

고급스러운 이미지로 고가구나 패브릭에서 활용되는 고품격의 이미지를 주는 색조이다.

10) 딥 톤(Deep Tone)

딥 톤은 검정이 혼합된 색조로 고채도의 풍성함과 견고함을 지니고 있는 것이 특징이다.

저명도이지만 깊은 색감으로 화려하면서 강한 이미지를 지니고 있어 고급스러우면서 고가의 제품에서 볼 수 있는 색조이기도 하다. 검정이 가미되어 견고하고 단단한 이미지 전달에 적합하다. 배색으로는 저명도의 딥 톤을 중심으로 덜 톤과 다크 톤을 활용하면 중후하면서 깊이 있는 이미지를 줄 수 있다.

〈그림 2-24〉 Deep Tone

11) 다크 톤(Dark Tone)

다크 톤은 검정에 가까운 저명도 저채도의 색조이다.

색조 중에 가장 어둡고 무거운 색조이기도 한다. 무게감이 느껴지므로 남성적이고 댄디한 이미지로 신사용품의 주조색으로 사용되어 품위 있고 심플한 이미지에 효과적이다. 블랙이 가지고 있는 고급스러움보다 색감이 가미된 다크 네이비, 다크 브라운, 다크 와인 등이 고가의 제품디자인에 활용되고 있다.

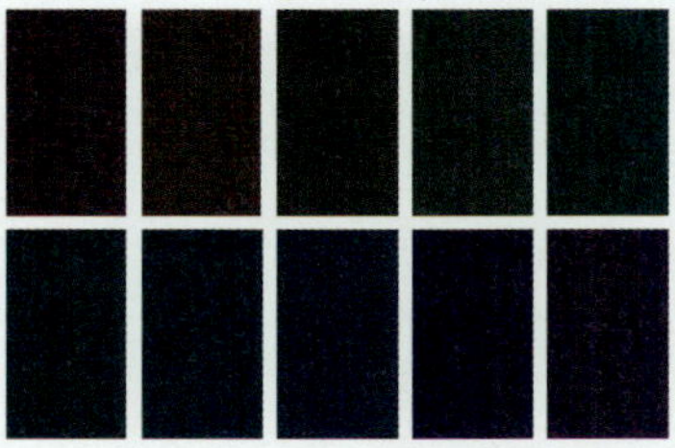

〈그림 2-25〉 Dark Tone

3. 컬러 코디네이션 연출

1 컬러 이미지 배색

배색이란 두 가지 이상의 색을 상황과 목적, 기능에 맞게 배치하여 조화롭게 만드는 것이다. 단일색으로 사용될 때 느껴지는 이미지와 주위의 색을 배색하여 조화를 이룰 때 또 다른 이미지를 가지게 된다. 인테리어디자인, 패션디자인, 제품디자인, 푸드스타일링, 시각디자인 등의 다양한 분야에서 대상의 목적과 기능, 라이프스타일, 심리적 특성을 분석하여 알맞은 배색을 이용하기도 한다. 배색의 조화는 어떤 대상을 가지고 그 목적과 상황을 고려하여 색의 배치나 면적의 비례에 맞는 효과를 가지도록 한다. 색상환을 기준으로 어떤 관계에 배치를 할 색을 선택하느냐에 따라서 이미지와 분위기가 다르게 전달된다.

색의 3속성 중에서 색상을 중심으로 색상환을 기준으로 배색을 하게 되면 조화하기가 훨씬 쉬워진다. 색상의 배열에는 동일색상, 유사색상, 보색색상 등 여러 가지로 구분할 수 있다.

1) 동일색상 배색

동일색상 배색은 색상환에서 한 가지 색으로 배색하는 방법으로 누구나 쉽게 할 수 있는 무난한 배색이다. 안정적이며 통일성을 가지고 있지만 지루하게 느껴질 수 있다. 이러한 배색에는 한 부분에 포인트를 주는 컬러를 찾아 배색하는 것도 방법이 될 수 있다.

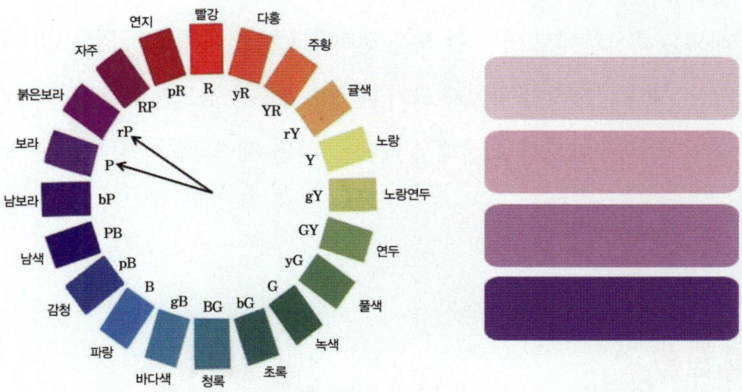

〈그림 2-26〉 동일색상 배색

2) 유사색상 배색

유사색상 배색을 색상환에서 주조색(면적이 70%도 차지하는 색)과 인접한 색으로 통일된 느낌과 차분한 느낌을 가진다. 색조는 같거나 다를 수 있다.

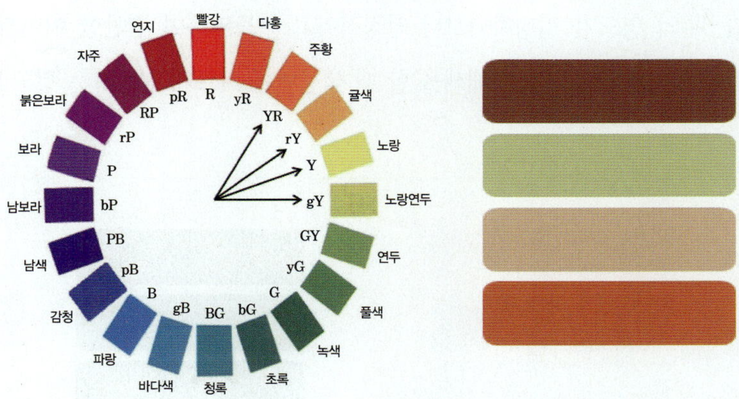

〈그림 2-27〉 유사색상 배색

3) 보색색상 배색

보색색상 배색은 색상환에서 어느 한 색을 선택하고 서로 마주보고 있는 반대편에 위치한 색상을 배색하는 것이다. 색상의 차이가 크기 때문에 채도가 높으면 높을수록 화려함과 강렬함이 더욱 커지기 때문에 채도를 조절해서 배색을 하면 세련되면서 감각적인 느낌을 줄 수 있을 것이다.

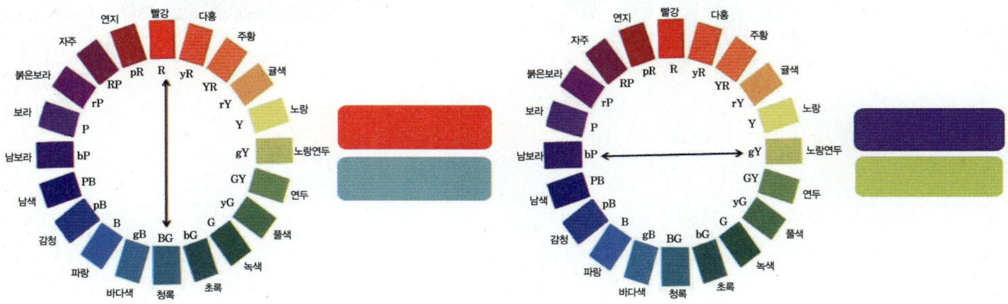

〈그림 2-26〉 보색 배색

4) 톤 인 톤(Tone in Tone)

톤 인 톤 배색이란 비슷한 톤 내에서 톤의 변화가 거의 없이 색상을 조정해서 배색하는 것을 말한다. 톤의 명도가 일정하다보니 안정적이고 부드러우며 편안한 이미지를 전달할 수있다. 유사색조, 동일색조이지만 배색을 할 때 색상만을 다르게 선택하는 것도 방법이다.

〈그림 2-29〉 톤 인 톤 배색

5) 톤 온 톤(Tone on Tone)

톤 온 톤 배색이란 '톤 위에 톤을 올리다 또는 겹치다'라는 뜻으로 톤의 차이가 크게 나는 것을 말한다. 동일색상이나 유사색상에서 채도 차이보다는 명도 차이를 크게 두는 배색 방법이다. 색상의 통일감을 주면서 명도 차이가 크기 때문에 분명하고 명쾌한 느낌의 배색을 할 수 있다.

〈그림 2-30〉 톤 온 톤 배색

2 형용사 이미지에 따른 배색

1) 귀여운

귀여운 이미지는 따스한 봄을 생각하게 된다. 여리고 젊고 발랄한 이미지를 지녀 채도감이 있으며 고명도로 밝고 선명한 색조의 브라이트 톤이 주를 이룬다. 노랑, 빨강, 연두색 계열 같은 난색계 위주의 색상으로 귀엽고 사랑스러운 이미지를 준다.

〈그림 2-31〉 귀여운 이미지 배색

2) 깨끗한

투명함을 지닌 깨끗한 이미지로 명도가 높은 맑은 이미지를 말한다. 얼음같이 투명하고 맑은 공기가 연상되어 화이트와 화이트에 가까운 베리 페일 톤이 주를 이루는 배색을 한다.

〈그림 2-32〉 깨끗한 이미지 배색

3) 온화한

편안하고 부드럽고 포근한 느낌을 주는 이미지이다. 차분하면서도 편안한 크림베이지와 아이보리, 스킨 같은 자연스러운 배색을 한다. 밝은 회색조인 라이트 그레이시 톤과 베리 페톤과 함께 조합하여 사용하면 온화한 이미지를 만들 수 있다.

〈그림 2-33〉 온화한 이미지 배색

4) 경쾌한

동적인 느낌으로 활동적이고 생동감이 있는 이미지로서 시인성이 높은 원색이 주를 이루고 있으며 선명한 비비트 톤과 베리 페일 톤으로 톤 온 톤의 배색을 활용하면 선명함과 생동감을 더욱 부각시킬 수 있다.

〈그림 2-34〉 경쾌한 이미지 배색

5) 내추럴한

소박하면서도 토속적이고 전원적인 이미지가 대표적이다. 자연주의, 친환경적인 느낌으로 중채도, 중명도에 라이트 톤이 주를 이루며, 브라운 계열이나, 그린 계열만으로 배색하면 지루하고 퇴색된 느낌이 있어 색상의 변화를 주는 것이 효과적이다.

〈그림 2-35〉 내추럴한 이미지 배색

6) 우아한

가장 여성스러움을 대변하는 것으로 아름다움을 절제하면서 과하지 않고 품위 있는 이미지이다.

성숙한 여성의 아름다움을 고급스럽게 담기 위해서는 중명도, 중채도의 라이트 톤을 중심으로 페일 톤과, 덜 톤으로 보라 계열을 중심으로 부드럽고 차분한 이미지로 배색하는 것이 특징이다.

〈그림 2-36〉 우아한 이미지 배색

7) 은은한

은은한 이미지는 연약하지 않으면서 잔잔하게 다가오는 느낌으로 조용하지만 크기가 과하거나 약하지 않은 이미지를 표현하기 위해 중명도, 중채도의 라이트 그레이시 톤, 중심으로 라이트 톤을 포인트로 활용하고 톤 인 톤 배색으로 은은한 이미지를 더해준다.

〈그림 2-37〉 은은한 이미지 배색

8) 화려한

화려한 이미지는 채도가 높고 보색 대비를 화려함과 아름다움을 주는 것으로 성숙한 아름다움의 화려함으로는 스트롱 톤 딥 톤으로 채도가 높은 배색과 레드 계열과 초록 계열을 또는 보라 계열과 노랑 계열의 보색대비로 화려한 배색을 더해 준다.

〈그림 2-38〉 화려한 이미지 배색

9) 다이내믹

파워풀하고 강렬한 이미지로 행동이 크고 에너지가 넘치는 느낌으로 고채도의 강한 색과 검정의 톤 온 톤 배색으로 비비드 톤과 스트롱 톤의 원색과 무채색 검정을 활용한다.

〈그림 2-39〉 다이내믹 이미지 배색

10) 모던한

현대적이고 기능적이며 세련됨을 동시에 가지고 있다. 도회적인 감성과 시크한 이미지로 블랙 & 화이트의 톤 온 톤처럼 딱딱한 배색이다. 다크 톤, 베리 페일 톤으로 톤 차이를 주거나 무채색을 활용하여 배색한다.

〈그림 2-40〉 모던한 이미지 배색

11) 고상한

여성적인 차분함, 중년의 클래식함과 점잖은 이미지이다. 저명도 고채도 위주의 색조와 딥 톤을 중심으로 덜 톤과 다크 톤을 색조로 활용하며, 와인 계열과 브라운 계열을 배색하여 차분함과 중후한 이미지를 더한다.

〈그림 2-41〉 고상한 이미지 배색

12) 점잖은

조용하고 신중하면서도 믿음직스러운 남성을 연상시키는 이미지를 가지고 있다.

저명도 저채도를 중심으로 다크 톤으로 블랙과 어두운 그레이를 배색하여 중후하고 댄디한 남성의 이미지를 더해 준다.

〈그림 2-42〉 점잖은 이미지 배색

memo

제3장

패션 코디네이션

1. 신뢰감 주는 면접 패션
2. 색채별 코디네이션
3. 배색별 코디네이션

[학습목표]

1. 신뢰감 주는 면접 패션을 행동으로 실천할 수 있다.
2. 색채별 코디네이션을 이해하고 설명할 수 있다.
3. 컬러 코디네이션을 상황에 맞게 활용할 수 있다.

제3장
패션 코디네이션

1. 신뢰감 주는 면접 패션

패션은 어떤 상황에서도 상황에 맞게 적절하게 착용하여 우월하게 보이고자 하는 인간 욕구이며 개인의 취미나 사회문화를 표현하는 수단이자 인체 위에 펼쳐지는 예술이다. 따라서 벤저민 프랭클린은 먹는 것은 자기가 좋아하는 것을 먹어도 입는 것은 남을 위해 입어야 한다고 했듯이 상대방에게 신뢰감을 주는 패션은 이미지메이킹과 밀접한 관계가 있다.

① 여성 슈트

- 상의와 하의, 즉 재킷과 스커트가 같은 재질로 만들어진 것
- 상의 : 무늬가 단순하고 단색(검은색)으로 디자인
- 스커트 : 정장의 스커트는 가장 기본 스타일이며 무릎 위 10cm 이상은 올라가지 않아야 한다.

- 셔츠 : 흰색의 남방 타입이며 속옷이 비치지 않도록 한다(속옷은 겉옷과 동일한 색상으로 착용).
- 스타킹 : 커피색(무늬가 들어 있는 것은 피한다)

1) 구두

- 청결하게 유지한다.
- 정장과의 조화를 이루는 검은색으로 한다.
- 구두는 심플하면서 4~5cm의 굽이 적당하다.

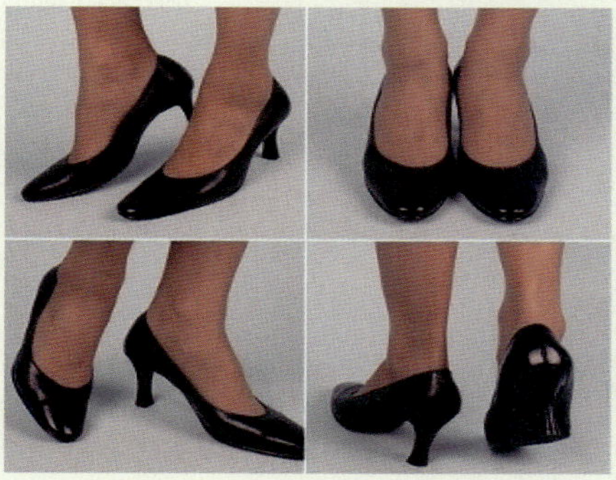

2) 액세서리

- 간결한 것이 좋고 나이 신분에 맞도록 착용한다.
- 포인트만 주고 너무 산만하지 않도록 한다.

| 실습하기 |

● 자기 진단 : 여성 용모복장 체크리스트

항목	점검 내용	점수
머리	두발은 청결한가?	
	비듬이나 머리카락이 어깨 위에 떨어져 있지 않은가?	
	앞/옆머리가 흘러내리지 않고 단정히 정리되어 있는가?	
	머리 길이가 단정한 느낌을 주는가?	
	전체 헤어 스타일과 색상이 업무에 어울리는가?	
	머리 액세서리가 너무 눈에 띄지 않는가?	
얼굴	건강하고 밝은 느낌을 주는가?	
	립스틱 색상은 적당한가?	
	눈은 충혈되지 않고 안경은 깨끗한가?	
	치아는 깨끗하고 입 냄새가 나지 않는가?	
손	손 전체가 청결한가?	
	손톱은 깨끗하게 정리되어 있는가?	
	매니큐어를 바른 경우 색상이 적당하고 깔끔한가?	
복장	업무에 어울리는 정장 스타일인가?	
	칼라와 소매부분이 깨끗한가?	
	얼룩은 없는가?	
	구김 없이 다림질이 잘 되어 있는가?	
	스타킹 색상이 적당한가?	
구두	깨끗하게 손질되어 있는가?	
	굽의 상태는 양호한가?	
	색상이나 스타일이 업무에 어울리는가?	
액세서리	배지와 명찰이 바른 위치에 부착되어 있는가?	
	액세서리 착용이 적당한가?	
총점		

2 남성 슈트

• 체형에 맞춰 옷감을 선택한다.

1) 드레스 셔츠

• 흰색 또는 옅은 색깔에서 크게 벗어나지 않는 것이 좋다.
• 팔길이는 양복 소매 밖으로 1~2cm 정도 나오는 것이 좋다.
• 화려한 디자인이나 무늬는 피한다.

2) 타이

- 길이는 벨트의 버클을 약간 덮을 정도가 좋으며, 안쪽 넥타이가 바깥쪽 넥타이 길이보다 길지 않아야 한다.
- 조끼 착용 시는 넥타이가 조끼 밑으로 나오지 않는 것이 좋다.
- 넥타이 매듭이 중앙에 와야 하며 느슨하지 않도록 한다.
- 색깔은 양복과 동일 색이거나 보통 계통이 좋다.

3) 벨트

- 색상은 양복이나 구두의 색깔과 동색 한 색 또는 어울리는 색이 좋다.
- 지나치게 요란한 버클 장식은 피한다.

4) 구두

- 지저분하지 않도록 항상 잘 닦는다.
- 뒷굽이 많이 닳은 구두는 신지 않는다.
- 양복의 색깔과 맞춘다.
- 구두의 뒤축을 구겨 신지 않는다.
- 운동화는 어울리지 않으므로 피한다.

5) 양말

〈 올바른 착용 〉

〈 올바르지 못한 착용 〉

- 바지나 구두 중 색이 진한 쪽으로 선택한다.
- 목이 지나치게 짧은 양말은 피한다.
- 정장 착용 시 흰색 양말은 피한다.

2. 색채별 코디네이션

BLACK

우리나라에서는 색의 일반적인 것을 색채라고도 하는데, 색은 자극적 감정이 따라다니는 색입체에서 발단되었고 채는 채색하는 것을 의미한다. ① 빛깔 ② 사물(事物)의 표현(表現), 태도(態度) 등(等)에서 나타나는 일정(一定)한 성질(性質)이나 경향(傾向) 또는 맛을 뜻한다.

검은색

강한 유채색과의 조합에 따라 젊은색으로 느끼게 하고 신체의 볼륨을 살려주며 여성의 곡선미에 명암을 준다. 반면, 순례자의 의상이나 수녀복 등에서 볼 수 있는 것처럼 극도로 점잖은 분위기를 자아낼 수 있다. 검정은 절망의 색인 동시에 영원과 신비의 색 임.

이미지

긍적적 이미지 : 절대적, 도회적, 세련, 격조 높은, 고급상품, 현대적
부정적 이미지 : 어두움, 불길, 음기, 적막함.

연 상

밤, 어두움, 아스팔트, 악마, 머리카락, 공포

심리작용

- 검정을 좋아하는 사람은 자신의 개성을 검정으로 가리려고 함.
- 감정의 표출을 억압하고 자신을 소중히 하고 싶거나 지키고 싶어 함.
- 간섭받으려 하지 않고, 남을 다룰 줄 아는 재능이 있으나 명랑하고 솔직한 면이 결여되어 있음.
- 심리적으로 위압감을 주며 고급감을 줌.
- 흰색과 검은색의 결합은 특히 좋은데, 이는 균형을 유지하기에 좋음.

BLACK 블랙과 어울리는 대표적인 컬러 코디

TIP

블랙은 우아하고 지적인 이미지로 어떠한 색과 코디하는지에 따라 다양한 분위기가 연출된다.

TYPE 1 블랙 + 화이트 + 블루

블랙과 화이트의 매치는 무난하고 심플하며 모던한 이미지를 주기에 적합하다. 블루와의 매치 또한 자연스러우며 블루의 채도가 높아질수록 또렷한 이미지를 주어 스포티한 느낌을 줄 수 있다.

TYPE 2 블랙 + 와인 + 베이지

블랙과 와인색의 코디는 도발적이고 섹시한 이미지를 줄 수 있다. 베이지와의 코디는 깔끔하고 단아한 느낌을 주지만 색의 매치가 심플하여 와인이나 레드로 포인트를 주어 모던한 느낌을 준다.

TYPE 3 블랙 + 소프트 블루 + 베이지

블랙과 채도 낮은 블루 계열을 코디하면 심플하고 부드러우며 약간 어두운 아이보리로 포인트를 주어 내추럴한 이미지를 준다.

YELLOW

행복한 힘의 발산 컬러(생명의 4원색 중 빛을 표현)

이 미 지

- 무한의 보호를 요구하는 의존성과 구애의 상징.
- 즐거움과 동시에 유쾌함을 불러일으킴.
- 일회용의 이미지가 있으므로 고급스러움을 나타내기 힘듦.
- 명랑하고, 쾌활하며 전진적인 이미지, 가벼움, 호기심,밝음, 행복, 지혜의 이미지가 있음.
- 반면, 주의, 경고, 경솔, 불안, 신경질, 불안증의 이미지를 가지고 있음.

연 상

빛, 금, 레몬, 교통표지, 신호, 해바라기, 비겁한, 겁쟁이, 배반자

심리작용

- 심신을 모두 개방시켜주고 단시간에 정신집중을 재촉할 수 있음.
- 원시적인 본능을 자극해 위험을 느끼게 하여 주위를 환기시키고 치료에 효과적. 노랑을 좋아하는 사람은 의사소통 능력이 뛰어나고, 정신적인 모험가로 늘 새호운 것을 찾아내어 자기실현을 꾀하고 싶어 함.

치료효과

변비, 간장병, 습진, 치질, 소화불량, 근육 마비증, 류마티즘, 우울증,
신체적·정신적 무기력증.

TIP

옐로는 밝은 색이므로 상큼하고 화사한 이미지를 주며 포인트 색으로 사용하는 것이 좋다.

TYPE 1 옐로 + 그린 + 블루 바이올렛

채도가 높은 옐로와 그린은 상큼하고 발랄한 이미지이며 블루 바이올렛으로 포인트를 줄 경우 더욱 화사해 보인다. 단, 옐로와 퍼플을 코디할 경우에는 자칫 촌스러워질 수 있으므로 차가운 옐로를 선택하는 것이 좋다.

TYPE 2 옐로 + 핑크 + 오렌지

옐로와 핑크는 달콤하고 산뜻한 이미지와 발랄하고 경쾌한 느낌을 주며 오렌지와의 코디는 상큼하고 스포티한 느낌을 준다.

TYPE 3 옐로 + 골드 + 베이지

옐로의 유사 색상인 골드와 베이지는 전체적으로 같은 색상이므로 자연스럽고 편안한 분위기를 보여 준다.

GREEN

생명과 휴식의 컬러(생명의 4원색 중 하나로 공기(산소)를 의미)

이 미 지

침착, 평온, 조화, 협조, 자연, 미숙, 미경험, 희망, 에너지

연 상

식물, 산, 풀, 산림, 채소, 잔디밭, 비상구

심리작용

- 동정, 이해, 수용, 배려, 협조 등의 심리상태와 깊은 관련.
- 자연의 초록이나 공기의 시원함으로 청결, 청량감을 느낌.
- 초록색을 좋아하는 사람은 일반적으로 솔직하고 사회의식이 있으며 도덕심이 풍부해 인간으로서의 예의를 벗어나지 않으며 매우 뛰어난 교육자가 많음.

치료효과

- 눈의 피로를 풀어주고 심장병을 이겨내는 데 도움을 줌.
- 종양으로 공통을 받고 있는 사람은 종양의 성장을 도와주기 때문에 초록색 옷은 금기사항으로 되어 있음.
- 간장병, 심장혈액순환, 신경조직, 불면증, 흥분성(예임), 후두염, 배앓이에 효과가 있음.

TIP

그린은 평화로운 이미지를, 라이트 그린은 상큼한 이미지를, 짙은 그린은 차분한 느낌을 준다.

TYPE 1 라이트 그린 + 옐로 + 핑크

라이트 그린과 핑크와의 코디는 상큼하고 활발한 느낌을 준다. 그린이 많은 부분에서 보이는 것이 부담스러울 경우에는 화이트 또는 밝은색과 함께 코디하여 경쾌하고 스포티한 느낌을 준다.

TYPE 2 딥그린 + 올리브 그린 + 베이지

채도가 낮은 그린 계열의 딥 그린, 올리브 그린과의 코디는 편안하고 자연스러운 이미지를 주며, 베이지와의 코디는 무난하면서 도시적인 이미지를 준다.

TYPE 3 딥그린 + 레드 + 옐로

딥그린, 레드, 예로우는 화려하고 화사한 이미지를 주며 색상의 면적에 변화를 주면 에스닉한 이미지를 연출할 수 있다.

BLUE

지혜와 스마트한 컬러(생명의 4원색 중의 하나로 물을 표현)

이 미 지

긍적적 이미지로서는 지성, 이성, 냉정, 평화, 자기반성, 청량감을 느끼고
부정적인 이미지로는 우울, 고독, 슬픔, 실망, 소극적, 내성적인 이미지가 있음.

연 상

푸른 바다, 비, 지구, 푸른 산, 신호, 유리, 시원한, 청결.

심리작용

- 정신을 진정, 안정시키는 역할을 함.
- 정신의 집중을 유도하고 내향적, 자기반성, 자기 구제의 색상으로 욕구, 욕망을 억제시킴.
- 본능보다는 이성을 자극하여 셀프컨트롤을 유도.
- 짙은 청색을 좋아하는 사람은 상당히 지능적이며 현명한 자의 색으로서 의사결정을 직업으로 삼는 재판관, 경영자, 여성의 경우는 건방져 보이지만 자립적인 경향이 있고, 남성의 경우는 자기관리가 뛰어나 다른 사람들의 충고를 전혀 수용하지 않음.
- 지식과 권위를 좋아하며 사회 전반에 걸쳐 박식함.

치료효과

- 혈압을 떨어뜨리고 목이나 호흡기 질환에 도움을 주는 색.
- 극도의 흥분, 월경문제, 불면증, 위궤양, 십이지장궤양, 피부병에 효과적.

TIP

블루는 차분하며 지적인 이미지로 톤에 따라 스포티한 느낌을 줄 수도 있다.

TYPE 1 블루 + 라이트 블루 + 베이지

블루와 같은 계열의 라이트 블루는 심플하고 세련된 이미지를 주며 베이지와 함께하면 단아하면서도 산뜻해 보인다.

TYPE 2 블루 + 와인 + 라이트 블루

블루에 짙은 와인으로 포인트를 주면 경쾌한 느낌을 준다. 비슷한 면적으로 코디하면 화려하고 과감한 느낌을 주므로 면적의 비례를 잘 맞추도록 한다. 밝은 톤과 코디하면 블루가 강조되어 또렷한 이미지를 줄 수 있다.

TYPE 3 블루 + 화이트 + 라이트 블루

블루, 화이트, 라이트 블루와의 코디는 모두 차가운 색상 계열로 바다를 연상케 하는 시원한 느낌으로 마린룩이 대표적인다. 블루진과의 코디는 편안하고 캐주얼한 느낌을 준다.

PINK

긴장을 풀어주는 부드러운 여성의 컬러

이 미 지

무조건적인 사랑과 동정 그리고 타인에 대한 배려를 나타내는 색.

연 상

여성스러움, 사랑, 장미, 복숭아, 소녀, 아기, 봄.

심리작용

- 현재 연애하는 감정을 가지고 있을 때 핑크를 선호.
- 민감한 성격을 가진 사람은 아주 연한 핑크와 불그스름한 빛깔의 광선에 가장 잘 반응하며 가정을 사랑하는 사람들은 퓨어 로즈 색조에 반응하게 됨.

치료효과

- 미국 교도소 벽을 핑크색으로 하여 흉악범을 순화.
- 핑크는 침실에 사용하면 이상적인 컬러인데, 그것은 자기애를 드러나게 하는 데 도움을 주기 때문.
- 불면증에 시달릴 때 핑크 머그컵에 우유를 마시면 치유.

PINK 핑크와 어울리는 대표적인 컬러 코디

TIP

핑크는 로맨틱하고 달콤한 이미지로 대부분 여성스러운 느낌을 준다.

TYPE 1 핫핑크 + 블랙 + 퍼플

핫핑크와 블랙의 코디는 화려하고 세련된 이미지를 주며 핑크 톤을 조절하면 도시적인 느낌을 줄 수 있다. 포인트를 줄 경우에는 핑크나 블랙이 강하므로 퍼플 계열이나 화이트를 사용한다.

TYPE 2 라이트 핑크 + 블루 + 오렌지

라이트 핑크는 발랄하고 로맨틱한 느낌을 준다. 같은 톤의 블루와 코디하면 상큼하면서 캐주얼한 느낌을 주고 오렌지 또는 와인색으로 포인트를 주면 여성스럽고 우아한 느낌을 줄 수 있다.

TYPE 3 핑크 + 그레이 + 블루

핑크와 그레이의 코디는 세련되고 스포티한 이미지를 준다. 그레이 톤을 조절하면 가벼운 느낌이나 무거운 느낌을 줄 수 있다. 가벼운 느낌을 줄 때에는 시원한 블루를 같이 코디하고 무거운 느낌을 줄 때에는 블랙을 코디한다.

PURPLE

동력이 저하되었을 때 마음이 끌리기 쉬운 색(소생의 색)

이 미 지

긍정적 이미지로서는 신비, 의지력, 사고력, 고귀, 우아, 예술적, 상상력,
부정적 이미지로서는 불안, 고독, 자만, 정서불안이 있음.

연 상

라벤더, 포도, 승려.

심리작용

- 자립심, 개성적, 창조력, 상상력을 유도함.
- 고독감을 느끼게 하므로 정신적 밸런스를 잃게 하기 쉬움.
- 보라를 좋아하는 사람은 문화 지향성이 있고, 예술가에 압도적으로 많음.

치료효과

- 스트레스, 불안을 축적시켜 신경과민, 분열증을 유발함.
- 종양의 성장을 억제하는 데 도움을 주고 관절염의 고통을 없애줌.
- 그러나 이 색상을 잘못 사용하면 사람들은 너무 깊은 잠에 듦
- 정신적 흥분상태를 진정시켜 줌.
- 중추신경과 말초신경의 질환, 정신병, 뼈 성장 발육문제를 도와줌.

PURPLE 퍼플과 어울리는 대표적인 컬러 코디

TIP

퍼플은 우아하고 고상한 이미지로 채도가 높은 퍼플은 화려한 느낌을 주며 채도가 낮은 퍼플은 이지적인 느낌을 준다.

TYPE 1 퍼플 + 와인 + 라이트 퍼플

와인을 코디하면 화려하고 우아하며 고급스러운 이미지를 줄 수 있다. 퍼플과 와인색은 짙은 색이므로 채도가 낮은 색과 함께 코디하면 세련된 이미지가 연출된다. 같은 톤을 조절하여 코디할 때는 레드 또는 블루로 포인트를 준다.

TYPE 2 퍼플 + 그레이시 퍼플 + 소프트 핑크

퍼플과 채도가 낮은 색들의 코디는 세련되고 이지적인 느낌을 준다. 유사색들과의 코디는 여성스러우면서 우아한 느낌을 주지만 배색이 단조로울 수 있으므로 짙은 색조로 포인트를 준다.

TYPE 3 딥그린 + 레드 + 옐로

푸른 빛이 도는 차가운 바이올렛을 블랙과 코디하면 모던하고 지적인 이미지가 연출된다.

BROWN

마음을 차분하고 편안하게 해주는 컬러

이 미 지

- 대지를 느끼게 하는 색.
- 긍정적 이미지로는 안정, 클래식, 소박, 보수적, 침착함, 부정적 이미지로는 촌스러움, 수수함, 늙음.

연 상

나무, 대지, 가구, 땅(흙), 낙엽, 가을, 책상.

심리작용

- 안정을 위한 욕구가 있고 욕심이 있음 .
- 감정에 치우치는 일이 없이 자기 자신을 제어할 수 있음.
- 정신적인 강함이 있고 책임감이 강함.
- 현실적으로 견실함.
- 갈색을 좋아하는 사람은 외향적이며 사물을 직시하여 받아들임.
- 솔직하긴 하지만 자신과 관련된 일에는 말로 표현할 줄 모르고 수줍음을 타는 사람이 많음.
- 따뜻한 마음씨의 소유자로 늘 약한 자를 도와주려 함.
- 자신의 재산관리에 신중하여 투기는 거의 하지 않음.
- 브라운 계열의 베이지색을 즐겨 입는 학생들의 성적이 가장 우수함(펜실베이니아 대학 색채연구소팀 보고).

BROWN 브라운과 어울리는 대표적인 컬러 코디

TIP

브라운은 차분하고 수수한 이미지로 가벼운 색과 코디하면 내추럴한 느낌이고 무거운 색과 코디하면 클래식한 분위기가 연출된다.

TYPE 1 딥 브라운 + 옐로 베이지 + 골든 브라운

브라운 계열의 코디는 유사색상이어서 심플하지만 고상한 이미지를 준다. 딥 브라운으로 전체적인 코디를 할 경우에는 자칫 무거워 보일 수 있으므로 포인트를 주는 것이 좋다.

TYPE 2 브라운 + 피치 + 소프트 핑크

소프트 브라운은 자연스러우면서 부드러운 이미지를 준다. 여성스러운 이미지를 연출할 때에는 소프트 핑크와 코디한다.

TYPE 3 브라운 + 그린 + 바이올렛

브라운으로 캐주얼한 이미지를 연출할 때는 유사톤의 그린이나 블루로 코디하는 것이 좋다.

RED

에너지와 힘을 표현하는 컬러(생명의 4원소 에너지)

이 미 지

- 활동적이며 색정적이고 긴장, 환희, 흥분 등의 추상적인 이미지
- 반면 공격적이며 분노를 상징하고 미움, 현란함.

연 상

태양, 불꽃, 피, 와인, 입술 색, 소방차, 장미, 네온, 고추, 우체통, 딸기, 흥분, 공포, 열정, 의지.

심리작용

- 빨간색을 좋아하는 사람은 의욕적이며, 호기심이 강함.
- 활동적이고 외향적, 적극적, 정력적, 충동적임.
- 또한 불행한 일은 다른 사람 탓으로 돌리고 싶어하고, 사람들을 비난하며 어느 한쪽으로 치우치기를 잘함.
- 여성의 경우 언제나 주역을 맡아야 하며 자존심이 강하고 감정적으로 대처함.
- 남성인 경우 강렬한 캐릭터를 가지고 있고 지도자 역할을 하여 계몽적인 역할을 함.

치료효과

- 혈액순환을 촉진.
- 빈혈, 생리통, 저혈압, 관절통으로 고생하고 있는 사람에게 좋은 효과를 줌.

RED 레드와 어울리는 대표적인 컬러 코디

TIP

레드는 배색에 따라 건강하고 강하며 감성적인 느낌이 있어 화려한 이미지 연출이 가능하다.

TYPE 1 레드 + 블랙 + 베이지

레드는 블랙과 코디할 경우 선명하고 강한 이미지로 섹시하고 도발적인 느낌을 주며 베이지를 코디하면 도시적이고 세련된 느낌을 준다.

TYPE 2 레드 + 퍼플 + 옐로

레드와 퍼플을 코디하면 화려하고 여성스러우며 옐로와의 코디는 화려함을 부각시켜 과감한 이미지 연출이 가능하다.

TYPE 3 레드 + 블루 + 피치

채도가 높은 레드와 블루를 코디하면 심플하고 스포티하며 피치는 자연스럽고 귀여운 이미지를 준다.

3. 배색별 코디네이션

1. 톤 온 톤 배색

동일한 컬러나 유사한 컬러에 톤의 변화를 주는 방법으로 부드럽고 안정적인 느낌이지만 다소 단조로운 경향이 있다.

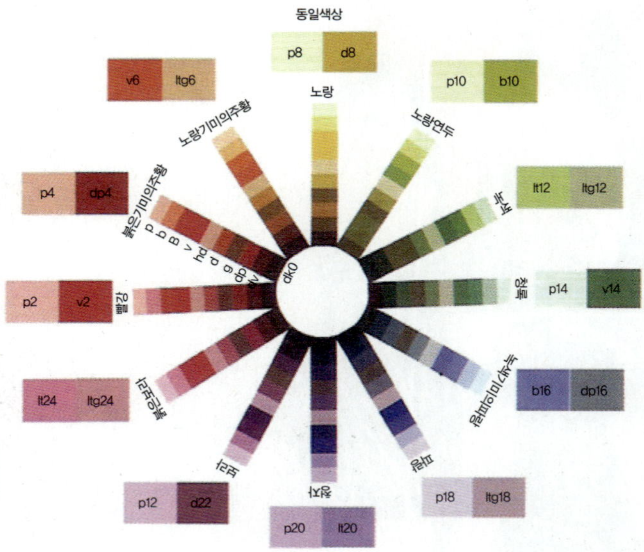

2. 톤 인 톤 배색

명도나 채도의 동일한 톤에 컬러를 변화시키는 배색법으로 톤의 변화에 따라 강하고 부드러운, 둔탁하고 가벼운, 어둡고 밝은 느낌 등 여러 분위기를 표현할 수 있다.

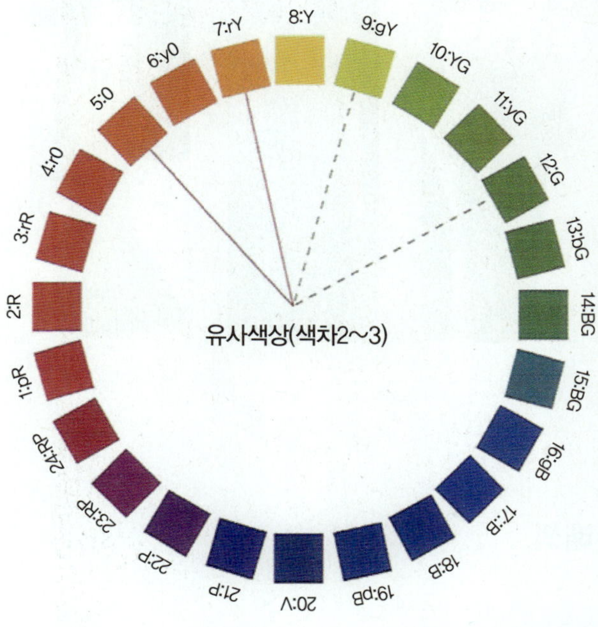

3. 그라데이션 배색

배색된 컬러를 단계적으로 변화시키는 방법의 배색법으로 색상은 화사한 느낌이다.

4. 세퍼레이션 배색

배색되는 컬러의 중간에 다른 컬러를 넣어 새로운 효과를 주는 배색방법이다.

5. 악센트 컬러

컬러 배색 일부에 강조가 되는 컬러를 조합하는 방법의 배색법이다.

6. 모노톤 배색

모노톤(흰색, 회색, 검은색의 한 가지 색조)으로 코디한 배색으로 심플하면서 모던하고 포멀한 배색법이다.,

7. 콘트라스트 배색

보색 관계의 색들로 배색하는 기법으로 강하고 화려한 배색법이다.

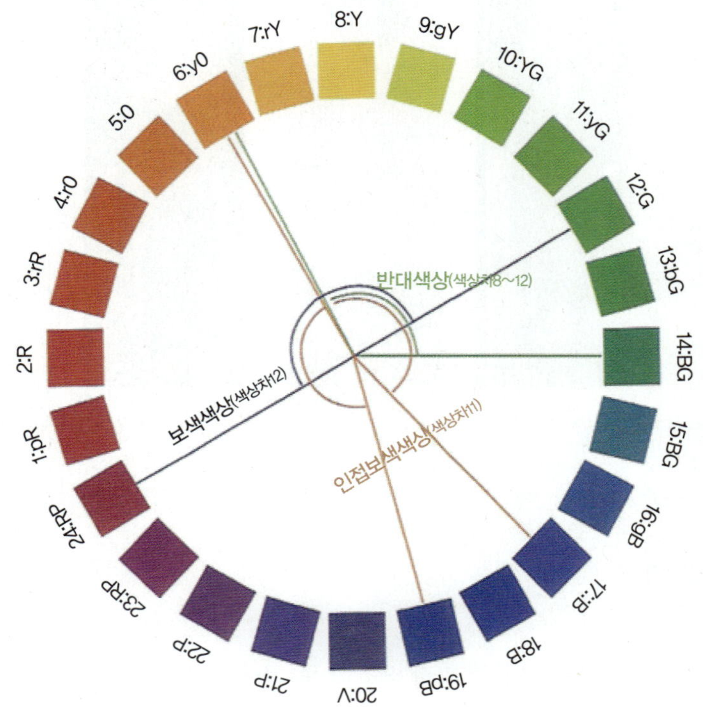

memo

제4장

퍼스널 코디네이션

1. 퍼스널의 실제
2. 퍼스널 컬러의 진단
3. 퍼스널 컬러 코디네이션 연출

[학습목표]

1. 퍼스널 컬러의 개념과 중요성을 이해할 수 있다.
2. 자가진단을 통해 피부 톤에 맞는 컬러를 찾아볼 수 있다.
3. 사계절 유형의 특징과 코디네이션을 활용할 수 있다.

제4장

퍼스널 코디네이션

1. 퍼스널의 실제

퍼스널 컬러는 개인이 가지고 있는 고유의 색을 말한다. 피부색, 머리카락 색, 눈동자 색에 따라 잘 어울리는 베스트 컬러(Best Color)와 워스트 컬러(Worst Color)로 구분한다.

이러한 자신의 컬러는 사계절 유형에 맞게 분석되어 결정되며, 이를 통해 어울리는 사계절 컬러를 기준으로 코디네이션 연출을 하는 것이다. 이러한 퍼스널 컬러의 사계절이론은 바우하우스(Bauhause)의 교수였던 요하네스 이텐(Johannes Itten)에 의해 고안된 이론으로 4가지 타입으로 컬러 팔레트를 나누기 전에 색은 따뜻한 색과 차가운 색으로 나눌 수 있다는 로버트 도어의 이론을 바탕으로 한다. 컬러 이미지 연출이 본격적으로 활성화되기 시작한 것은 1980년대부터 캐롤 잿슨(Carole Jackson)의 《Color Me Beautiful》이라는 전문서적이 출간되면서 미국, 유럽, 일본 등에서 Color Me Beautiful(CMB) 이미지 컨설턴트가 활발하게 활동하게 되었다. 이 시스템은 뷰티, 패션, 이미지메이킹 등의 분야에서 컬러 이미지 컨설턴트로 자리 잡게 되는 데 큰 역할을 하였다. 이후 Doris Pooser, Donna Fujii, Darene Mathis, Mary Spillane & Christine Sherlock, Renae Knapp 등 여러 이미지 컨설턴트에 의해 신체 색상을 세분화하여 다양한 유형으로 분류하는 이론이 성립되어 활용하게 된다.

또한 도리스 푸저(Doris Pooser)는 '패션에 있어서 색이란 타인 지각 시 심리에 미치는 영향력이 다른 요소에 비해 높기 때문에 얼굴과 복장색의 조화로운 배색은 착용자의 미적 표현을 돕는다는 점에서 필수적이다'라고 하였다. 이처럼 퍼스널 컬러는 현대사회에서 개인의 이미지를 높여 주는 커뮤니케이션 역할을 하게 된다.

1 퍼스널 컬러의 장점

1) 얼굴색을 보완한다

자신에게 어울리는 색과 어울리지 않는 색에 따라 피부색의 명암의 차이가 크게 나타난다. 피부색이 어둡고 탁해진다거나, 붉은 기가 있는 피부에는 더 붉은 기가 짙어진다든가 피부의 잡티가 더 두드러지게 나타난다. 이렇듯 피부의 색소가 더하거나 감소하는 것은 색상대비에 따른 변화이다. 어울리는 색을 입을 경우에는 밝고 화사하며 건강한 얼굴색으로 생기 있는 얼굴로 보이게 한다. 자신이 어울리는 퍼스널 컬러로 얼굴색을 보완하도록 한다.

2) 얼굴형을 보완한다

누구나 작은 얼굴 부드러운 얼굴을 선호하게 된다. 자신에게 어울리는 색의 경우 얼굴이 축소되어 보이고 이목구비가 뚜렷해 보이며 턱선 등이 두드러지지 않는 반면 어울리지 않는 색의 경우 얼굴의 좌우대칭이 다르게 보이거나 평면으로 보이며 각이 두드러지면서 강한 인상을 주게 된다.

3) 젊고 건강하게 보인다

얼굴이 젊고 건강하게 보이는 것은 칙칙하고 어두움이 감소하고 혈색 있고 투명함으로 인한 것이다. 예를 들어 얼굴의 주름이나 눈밑 다크서클, 눈밑 처짐, 여드름, 잡티, 기미 등이 두드러지지 않는 것이다. 어울리지 않는 색을 배색할 경우 나타나는 것인데, 반면 어울리는 색의 경우 단점을 감소시켜 피부가 투명하고 건강하게 느껴지므로 젊고 건강하게 보인다.

4) 자신만의 이미지로 자신감을 높인다.

자신이 어울리는 색을 통해 단점을 보완하여 상대방으로 하여금 매력적이고 호감을 주는 이미지로 긍정적인 평가를 받으면 자신감이 높아지게 된다. 이러한 자신감으로 인해 매사 긍정적이고 적극적인 태도로 임하여 자신의 능력을 발휘하여 좋은 결과까지 가져온다면 삶의 질도 높아질 것이다. 차별화되고 성공적인 이미지는 많은 기회를 가질 수 있는 확률도 높아진다.

5) 경제적인 효율성이 있다.

우리가 흔히 실수하는 것 중에 하나가 충동구매를 통해 자신이 어울리지 않는 색상의 옷을 사는 것이다. 자신의 이미지나 색상을 알고 있으면 충동구매의 자제력과 필요한 소비의 형태가 이루어져 경제적으로 효율적이게 된다. 또한 쇼핑의 불필요한 시간을 절약하고 기존의 의상과 코디가 쉬워 긴 시간 동안 활용할 수 있다.

memo

2. 퍼스널 컬러의 진단

1 퍼스널 컬러의 진단 결정요인

1) 피부색

사람의 피부는 인종, 지역, 연령, 성별, 자외선 노출빈도 등에 따라 각각 다르다. 현재의 건강상태나 스트레스 정도에 따라 변화하기도 한다. 그러나 기본적인 색상은 변하지 않는다.

태어날 때부터 가지고 있는 고유색으로 헤모글로빈에 의해 적색, 카로틴에 의해 황색, 멜라닌에 의한 갈색이라는 세 가지 색소로 나눈다.

2) 머리카락 색

머리카락 색은 인종에 따라 여러 가지 색으로 구분되지만 멜라닌 색소의 합성의 양에 따라 검은색, 갈색, 금발 등으로 결정된다. 황색이나 붉은 적갈색이 가미된 색은 따뜻한 계열이며, 푸른빛의 검정이나 회색빛을 지닌 색은 차가운 계열로 구분하다.

3) 눈동자 색

눈동자인 홍채에도 멜라닌 색소가 있다. 동양인은 갈색과 검정 계열이 많고 서양인은 청색이나 회색 계열이 많아 한국인의 눈동자 색은 대부분 흑갈색으로 보인다.

4) 손바닥 색

손바닥의 색은 자외선을 덜 받는 부위로 주변의 다른 사람과 비교를 하면 색소의 차이를 느낀다. 차가운 피부는 핑크빛의 붉은색으로 보이고, 따뜻한 피부는 노르스름한 빛으로 구분한다.

5) 뒷머리 두피 / 손목 안쪽 색

뒷머리 밑의 피부는 자외선에 거의 노출이 되지 않아 두피 색을 보는 것도 한 방법이다. 두피 색이나 손목 안쪽을 보면 희거나 푸르스름한 빛이 감돌면 차가운 톤, 노르스름하거나 아이보리가 감돌면 따뜻한 톤으로 구분한다.

2 퍼스널 컬러의 신체 색상의 특징

퍼스널 컬러의 신체 색상의 특징은 표 4-1과 같다.

〈표4-1〉 신체 색상의 특징

구분	봄	여름	가을	겨울
명암	bright tone	bright tone	dark tone	dark tone
베이스 컬러	yellow base	white, blue base	brown base	black, blue base
피부색	연한 노르스름한 피부(복숭아빛 혈색, 베이지)	연한 핑크 톤을 지닌 약간 붉은 톤의 피부 (로즈 베이지, 핑크 베이지)	짙은 골든 베이지 계열의 피부, 혈색이 없어 보임 (내추럴베이지, 골든 브라운 계열)	푸르스름한 톤, 창백해 보임, 얇고 투명한 피부, 짙은 올리브계열의 회색, 흑색이 가미된 짙은 피부
머리카락 색	밝고 따뜻한 황색이 가미된 톤	밝은 회갈색, 갈색, 검정 (검정은 드물다)	어두운 적갈색, 검정(윤기가 없는)	푸른빛의 짙은 어두운 색, 어두운 검정, 회갈색
눈동자 색	라이트 골드 브라운	흐린 회색빛, 로즈 브라운	다크 브라운, 브라운 골드	블루 블랙, 다크 브라운

3 퍼스널 컬러의 진단

퍼스널 컬러의 진단은 남·여 모두 정확한 자신의 피부색을 측정하기 위해 메이크업을 하지 않은 상태에서 자연광(오전 11시에서 오후 3시경) 또는 자연광과 비슷한 조명 아래에서 한다. 진단 시 착용하고 있는 옷의 컬러의 영향을 받을 수 있으므로 흰색 가운을 두르거나, 모발을 짙게 염색한 경우 흰색으로 모발을 감춘다. 이렇게 진단할 준비가 끝나면 사계절 컬러의 진단 천을 얼굴에 가까이 대보면서 얼굴색의 변화를 자세히 살펴본다. 얼굴의 생김새를 또렷하게 살려주고 혈색이 좋아보이는 잘 어울리는 것으로 분석하며 결과에 따라 컬러 코디네이션을 제안한다. 또한 여름에는 휴가철로 인해 자연 선탠이 되는 경우가 있어 정확한 진단이 힘들기 때문에 시간이 지난 후에 진단을 받는 것이 좋다.

memo

1) 개인이 선호하는 사계절 타입 진단

질문	A	B	C	D
1. 당신이 언제나 바르고 다니는 치크 색은?	파란색에 가까운 핑크	로즈 계열	노란색의 핑크	브라운 계통의 오렌지
2. 당신이 언제나 바르고 다니는 입술색은?	로즈 핑크	와인 레드	오렌지 계열 핑크	브라운 계열의 레드
3. 흰색을 선택한다면 어떤 색을?	부드러운 흰색	창백한 느낌의 흰색	노란빛이 나는 아이보리색	베이지의 흰색
4. 당신이 끌리는 여성의 타입은?	기품 있고 우아한 타입	개성이 있어 눈에 띄는 타입	아주 귀여워서 한 번쯤 동행하고 싶은 타입	지적이면서 우수에 찬 느낌의 타입
5. 당신의 인상은 어떻다고 생각하십니까?	소프트, 엘레강스	샤프, 모던	캐주얼, 로맨틱	스포티, 내추럴
6. 당신에게 어울린다고 생각되는 옷은?	부드러운 색상을 매치시킨 의상	색의 대비가 확실한 의상	고명도의 밝은 의상	고채도의 짙은 색 의상
7. 당신의 정장 색은 주로 어떤 색이 많은가?	그레이나 파스텔 컬러	비비드 컬러	밝은 파스텔 컬러	차분하면서 가라앉은 컬러
8. 당신이 좋아하는 소재는 어떤 것인가?	오간자	실크	조젯	레자, 코듀로이
9. 당신이 좋아하는 무늬는 어떤 무늬인가?	물방울무늬	사선 줄무늬	꽃무늬	페이즐리
10. 당신이 좋아하는 티셔츠의 색상은?	블루	핑크	옐로	커피 브라운
11. 당신이 드는 핸드백은 어떤 소재인가?	중형 사이즈의 부드러운 소재	독특한 디자인의 가방이나 핸드백	중형, 소형으로 둥글고 체인, 장식이 있는 것	천으로 만든 터틀넥
12. 당신이 좋아하는 액세서리는?	진짜 보석류	진주, 실버	컬러풀하면서 귀여운 이미테이션	골드, 구리, 목각 등 크고 독특한 형태
13. 당신이 동경하는 여성상의 이미지는?	노블하고 품위 있는 여성	다이내믹하고 도시적인 여성	사랑스럽고 발랄한 여성	고상하면서 분위기가 있는 여성
합계	계	계	계	계

출처 : 김영란 외(2012), 프로패셔널 이미지메이킹, p. 200, 경춘사.

2) 사계절 컬러 자가 진단

나는 어느 계절 사람인가?
사계절 컬러 자가 진단법(목이나 속살의 피부색을 기준으로 육안으로 판단)

1. 피부색

1) 밝은 노란빛이 돈다.
2) 희거나 붉은빛이 돈다.
3) 어두운 노란빛이 돈다.
4) 푸르거나 누런빛이 돈다.

2. 피부의 투명도

1) 맑고 윤기가 있다.
2) 뽀얗고 윤기가 없다.
3) 탁하고 윤기가 없다.
4) 맑지 않지만 윤기가 있다.

3. 얼굴형

1) 둥근형 2) 달걀형 3) 긴형 4) 각진형

4. 얼굴 생김새

1) 이목구비가 동글동글한 귀여운 얼굴
2) 눈매가 부드럽고 시원하거나 편안한 얼굴
3) 이목구비가 부드럽고 친근한 얼굴
4) 이목구비가 뚜렷하고 차가운 얼굴

5. 눈동자와 머리카락의 색

1) 갈색 눈동자와 갈색 머리카락에 윤기가 있다.
2) 갈색 눈동자와 갈색 머리카락에 윤기가 없다.
3) 진한 갈색 눈동자와 진한 갈색머리카락에 윤기가 없다.
4) 검은 눈동자와 검은 머리카락에 윤기가 있다.

진단방법

1)번이 3개 이상이면 봄 사람
2)번이 3개 이상이면 여름 사람
3)번이 3개 이상이면 가을 사람
4)번이 3개 이상이면 겨울 사람

출처 : 김영란 외(2012), 프로패셔널 이미지메이킹, p. 201, 경춘사.

3. 퍼스널 컬러 코디네이션 연출

1 사계절별 유형에 따른 톤 분류

사계절 유형 분류로는 첫 번째 컬러에서 따뜻함(Warm)과 차가움(Cool)으로 구분한다. 여기서 따뜻함은 봄과 가을 유형으로, 차가움은 여름과 겨울 유형으로 나눈다.

〈그림 4-1〉 사계절유형에 따른 톤

② 사계절별 컬러 코디네이션

1) 봄 유형

봄은 사계절 중에서 모든 만물이 생명력과 에너지를 가지는 기운으로 파릇파릇한 새싹의 연두와 초록, 훨훨 날아다니는 나비의 노랑을 상징하게 된다. 봄의 생명력에 어울리는 노란색을 기본으로 원색적이고 선명한 색이 잘 어울린다. 깨끗함, 경쾌함, 맑은 색상들의 특징으로 젊음의 분위기를 표현하게 하며, 고명도와 고채도의 선명함과 투명함이 봄의 이미지이다.

어울리는 색상으로는 노란색이 기조색으로 혼합된 원색과 베이지색, 산호색, 연두색, 노란색 등 밝은 색상이 잘 어울린다.

〈그림 4-2〉 봄 타입의 컬러

2) 여름 유형

여름은 푸른 바다와 흐린 파스텔 톤의 소프트한 느낌으로 흰색과 파란색이 주를 이룬다. 흰색을 기본으로 지니고 있다 보니 밝고, 부드럽지만 선명하지 못하고 흐린 편이다. 전체적으로 흰색을 지니고 있어 파스텔 톤의 부드럽고 여성적이며 우아한 이미지를 가지고 있다. 배색할 때 색상 간의 콘트라스트가 적어 봄처럼 선명하고 뚜렷함보다는 내추럴한 자연스러움과 부드러움이 주를 이룬다. 고명도 저채도, 중명도 중채도의 톤으로 부드럽고 도회적인 이미지이다.

어울리는 색상으로는 흰색과 파란색이 가미된 핑크, 로즈, 라벤더, 마린블루, 청회색, 블루진, 로즈, 청록색 등의 색상이 잘 어울린다.

〈그림 4-3〉 여름 타입의 컬러

3) 가을 유형

가을은 사계절 중 자연이 가지는 컬러의 풍요로움을 주는 계절이다. 황금빛의 들판, 붉은 빛이 도는 가을의 단풍만 봐도 가을 유형은 골드 기운의 차분함과 깊이 있는 느낌을 주는 이미지를 가지고 있다. 가을의 색은 전체적으로 골드와 황색 톤을 가지고 있어 따뜻한 색 중에서도 어둡고 흐린 톤으로 자연스러우며 내추럴한 차분함을 준다. 중명도에서 저명도로 어두운 톤이며 채도는 저채도의 색으로 골드빛의 노랑, 빨강, 브라운, 금색, 구리빛 색, 베이지색, 카멜색, 카키색, 올리브그린, 갈색 계열 등이 잘 어울린다.

〈그림 4-4〉 가을 타입의 컬러

4) 겨울 유형

겨울은 블랙과 화이트가 기본이 되는 무채색에 가까울 정도의 자연의 색과, 푸른빛이 감도는 선명하고 강렬하며 어둡고 짙은 색으로 무게감을 느끼게 하는 이미지를 가지고 있다. 푸른빛이 감도는 여름타입과 마찬가지로 흰색이 기본 색상이지만 여름 타입과는 다르게 콘트라스트가 강한 편으로 모던하고 심플하며 선명한 이미지를 준다. 고명도와 저명도이며 채도는 고채도의 선명한 색으로 파란색을 기본으로 블랙과 화이트, 푸르스름한 빛이 감도는 자주 계열, 와인, 블루 계열, 청 블루, 청회색, 보라, 남보라 등이 잘 어울린다.

〈그림 4-5〉 겨울 타입의 컬러

memo

제5장

메이크업과 헤어

1. 스킨 케어의 중요성
2. 메이크업 연출
3. 헤어스타일링 연출

[학습목표]

1. 스킨 케어의 중요성을 설명할 수 있다.
2. 상황과 목적에 맞는 적절한 메이크업을 연출할 수 있다.
3. 헤어스타일링의 중요성을 인지하고 활용할 수 있다.

제5장
메이크업과 헤어

1. 스킨 케어의 중요성

스킨 케어란 피부에 대한 보호의 의미로서, 일반적으로 피부 손질을 말한다. 팩이나 마사지 등에 의한 페이셜 트리트먼트(얼굴 손질)나 보디 트리트먼트가 포함되며, 이러한 목적으로 사용하는 화장품을 스킨 케어 화장품이라고 총칭한다. 보디 샴푸, 보디 로션, 탈모제 등의 보디 화장품도 그 하나이다.

① 스킨 케어 자가진단법

Skin type 자가진단법

세안 후 3시간이 경과할 때까지 기다린다. ▶ 3cm 크기로 자른 정사각형 티슈 4장을 이마, 코, 턱, 볼에 붙인다. ▶ 시간이 15초 경과 한 후 티슈를 뗀다.

기름기가 전혀 묻어나지 않은 경우	**건성피부**
티슈에 기름기가 아주 희미하게 보이는 경우	**지성피부**
이마, 코, 턱에서 기름기가 묻어난 경우	**복합성 피부**

2 타입별 클렌징

타입별 클렌징

건성피부

1. 문지르지 말고 두드리면서 세안해 피붓결을 보호한다.
2. 뜨거운 물 세안은 절대 금지한다.
3. 수분이 함유된 약산성이나 식물성 기름이 풍부한 폼 타입의 세안제를 사용한다.

지성피부

1. 산뜻한 워터나 젤 타입으로 클렌징하고 폼 클렌징으로 이중세안한다.
2. 약간 뜨거운 물로 세안해 피지를 녹인다.
3. 이마, 턱, 코 등을 중점적으로 문지르며 딥 클렌징한다.

복합성피부

1. T존은 부드러운 세안용 스펀지로 주기적으로 딥 클렌징한다.
2. 눈과 볼 주위는 과도한 세안을 피하고 로션 타입의 민감성 클렌저를 사용한다.
3. 코 주변은 민감성 클렌저로 별도로 클렌징한다.

민감성피부

1. 아침에는 물 세안, 저녁에는 비누 세안만 한다.
2. 온도에 민감하므로 미지근한 물을 사용한다.
3. 손에서 거품을 내어 얼굴은 거품만으로 문지른다.

| 따라하기 |

솜털세안법이란?

솜털의 반대 방향으로 최대한 미세하고 많은 거품 세안제를 문지르고 씻어내는 것으로 피부결을 손상시키지 않는 최상의 세안법

솜털세안방법

Key point

1. 세안 시 피부와 손은 최대한 닿지 않게 쿠션감 있는 세안
2. 세안은 2분 안에 마무리

1. 손을 청결히 한 후 천연비누 또는 폼 클렌징을 준비한다.
2. 얼굴 전용 거품망을 준비한다.
3. 최대한 많은 거품을 낸다.
4. 거품망에서 거품만 쑥~ 빼내어 피부결을 따라 부드럽게 아기피부를 만지 듯 살살 만져준다.

각질 제거법

▶ 건성피부

T존을 중심으로 주 1회 정도 스크럽 마사지를 한 후 수분 공급

▶ 지성피부

철저한 이중세안을 하고 1주일에 2~3회 스팀타월 후 스크럽

▶ 중성피부

주 1~2회 정도, 스팀타월과 스크럽 마사지를 이용

▶ 민감성피부

7~15일에 한 번 정도 부드럽고 가벼운 마사지

▶ 여드름피부

알갱이가 없는 부드러운 스크럽제로 물 세안이 가능한 제품을 이용, 주 3회가 적당

| 여기서 잠깐 |

● 남자의 스킨케어 : 남자의 피부도 시간을 잡지는 못한다

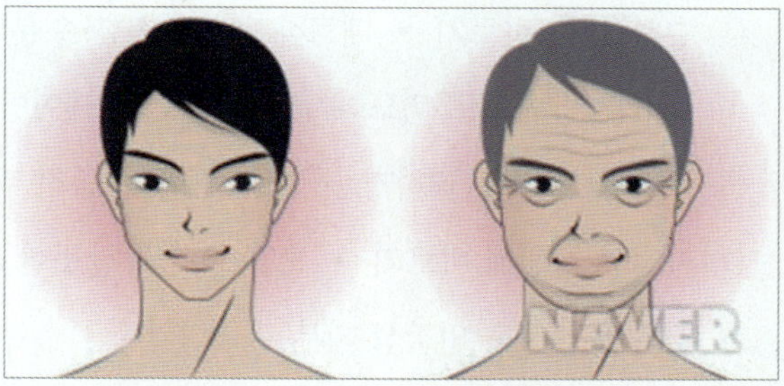

30대에 초등학교 동창 모임을 나가 보면 동갑내기래도 남자들에 비해 여자들이 훨씬 나이 들어 보인다. 시든 백합꽃이라는 둥, 만나지 말아야겠다는 둥 남자 친구들의 짓궂은 농담으로 치부해 버리기에는 사실 여성들이 훨씬 주름도 많고 노화도 상당히 진행되어 있다. 왜 그럴까?

남성의 피부는 여성의 피부에 비해 훨씬 두껍고 피지가 많다. 남성의 경우 이 같은 피부 특징으로 인해 사춘기 때는 여드름이 많이 나지만, 나이가 들면서 외부 환경으로부터 보호가 잘되기 때문에 건성피부보다 노화가 더디다.

어렸을 때 여드름 박사였던 친구가 중년이 되어 뽀얀 피부로 변신하고, 당시 부러움을 샀던 건성 피부의 친구보다 주름도 없고 탱글탱글하게 젊어 보이는 것이 그러한 이유이다. 또한 남성의 피부는 여성보다 콜라겐이 풍부하고 두꺼운 표피층과 피지의 충분한 분비로 30대에도 잔주름이 거의 생기지 않는다. 20대 초반부터 각종 화장품으로 화장대를 가득 채우고 피부 가꾸기에 열심인 여성들에 비해 남성들은 세수도 하루에 간신히 한 번 할까 말까 하는데도 노화가 더디다니 불공평해 보이지만, 이런 남성들의 운 좋은 피부도 '노화'를 피할 수는 없다. 오히려 40대가 되면 여성들보다 더 혹독하게 노화현상이 나타나기 시작한다. 별다른 관리를 안 해도 쉽게 노화가 되지 않던 남성 피부래도 세월 앞에서는 장사가 없는 것이다. 선천적으로 타고난 피부 미인도 세월 앞에서는 노력하는 미인을 따라잡을 수 없다. 예방이 최선의 방법임은 아무리 강조해도 지나치지 않는다. 건강과 뷰티는 망가지기 전에 미리미리 지키자!

● 내 남자를 위한 스킨 케어 8가지

① 내 남자의 피부 고민은? • 피부 고민과 피부 타입 파악하기

② 순하고 부드러운 클렌징하기 • 기본 중의 기본, 데일리 케어

③ 일주일에 한 번 딥 클렌징하기 • 모공 안의 피지와 각질 제거

④ 수분 제품 바르기 • 매트하지만 촉촉한 수분 제품 바르기

⑤ 올바른 방법으로 면도하기 • 부드러운 셰이빙 폼과 애프터 셰이브

⑥ 눈 밑의 Bag 관리하기 • 아이 제품 꼼꼼히 바르기

⑦ 자외선 차단제 바르기 • 오일 프리의 산뜻한 제품

⑧ 팩과 보습제로 민감성 피부 관리하기

출처 : [네이버 지식백과] 남자의 스킨케어

memo

2. 메이크업 연출

메이크업(化妝美容, make-up beauty)의 사전적 의미는 '제작하다, 보완하다'라는 뜻이다. 일반적 의미는 화장품이나 도구를 사용하여 신체의 장점을 부각하고 단점은 수정 및 보완하는 미적 행위이며 자신의 정체성, 가치관을 표현하는 것이다.

메이크업의 목적은 외부의 먼지나 자외선, 대기오염 및 온도 변화에 대해서 피부를 보호하고, 아름다워지고 싶어하는 기본적인 미화의 목적을 위해 이용되며, 생활의 편의를 도모하고 종족보존에도 영향을 미치며 궁극적으로는 얼굴의 단점을 보완하고 장점을 부각시키는 것에 있다.

1 메이크업의 기원

1) 종교설

주술적이고 종교적 행위로 메이크업이 시작되었다는 설이다. 특정 색상이나 모양으로 의복이나 신체를 장식하여 재해를 물리치고 신에게 경배하기 위해 향나무 가지를 태우고 향나무 잎이나 열매의 즙으로 향수나 향로를 만들어 미화 수단으로 사용하였다.

2) 보호설

본인을 어떤 종류의 위험으로부터 보호하고 은폐시키기 위한 수단으로 메이크업을 하였다는 견해에서 나온 설이다. 코울이나 진흙을 발라 태양과 모래, 곤충으로부터 눈과 신체를 보호하고 막아주는 수단으로 사용되었다.

3) 장식설

원시시대 인간이 옷을 입기 전 미적 본능으로 장식적인 수단에서부터 메이크업이 시작되었다고 보는 설이다. 나체 상태에서 동물, 꽃 등을 그리거나 다양한 색채의 식물 색료를 사용하여 조각과 문신을 새겨 자신을 장식하는 행위가 발전되어 메이크업으로 이어졌다.

4) 신분 표시설

집단 내에서 지위나 계급, 성별 등을 구별하기 위한 목적으로 메이크업이 시작되었다고 보는 설이다. 헤어스타일, 귀걸이, 코걸이 등의 장신구는 미와 함께 계급이나 신분, 소속을 나타내기 위한 형태이다.

5) 위장설

새의 깃털이나 부리, 짐승의 뿔, 식물성 색소들을 이용하여 얼굴이나 신체를 위장함으로써 적의 위험으로부터 보호하고 전쟁 또는 사냥에서 승리로 이끌고자 메이크업을 행하였다.

2 메이크업 테크닉

1) 파운데이션과 파우더

Technic 1. 파우더

투명 메이크업의 성패는 파운데이션의 피부 밀착도에 따라 결정된다. 파운데이션은 리퀴드 타입, 콩알만한 사이즈를 적당량 손이나 퍼프를 이용해 두드리면서 발라 피부 밀착도를 높여야 한다. 가루 파우더를 꼼꼼히 바르는 것으로 마무리

고운 파우더 입자로 피부 밀착력이 뛰어나 투명 메이크업이 오랫동안 유지된다.

파우더

트윈 케이크

파우더에 비해 커버력과 지속력은 뛰어나지만 피부 투명도는 떨어진다. 메이크업을 수정할 때는 피지를 제거한 뒤 할 것

2) 아이섀도우

Technic 2. 섀도

피치, 옐로, 화이트 등의 베이스 컬러가 신입생에게 가장 적합. 섀도를 눈두덩 전체에 얇게 펴 바를 것. 짙은 컬러는 쌍커풀 라인을 따라 아주 얇게 발라야 부담스럽지 않다.

눈두덩 전체에 펴 발라도 전혀 부담스럽지 않은 은은한 베이스 컬러

연피치 컬러

핑크 컬러

아주 하얀 피부가 아니라면 부담스러울 밝은 핑크 컬러. 아이라인을 따라 얇게 바르는 포인트 메이크업에 적합

3) 아이라이너

Technic 3. 아이라이너

눈썹 사이 사이를 메워 주듯이 그리는 것이 자연스러운 아이라이너 그리는 요령. 너무 오버해서 눈꼬리를 길게 빼는 것은 절대 피하는 것이 좋다.

손쉽게 그리고 지울 수 있는 펜슬타입. 하지만 쉽게 번질 수 있으므로 워터 프루프 타입을 고를 것

펜슬 타입

리퀴드 타입

섬세하고 명확한 라인 연출이 가능하지만 초보자는 그리기 쉽지 않은 것이 단점. 반드시 전용 메이크업 리무버로 지울 것

4) 마스카라

Technic 4. 마스카라

미리 뷰러로 속눈썹을 한 번 집은 뒤 마스카라를 발라야 드라마틱한 효과를 볼 수 있다. 마스카라가 뭉칠때는 면봉의 나무 부분을 이용해서 떼어준다.

솔이 얇은 마스카라는 번짐이나 뭉침이 적어 초보자에게 적합하다. 화이트베이스 코팅막을 형성해 속눈썹이 한결 길고 풍성해진다.

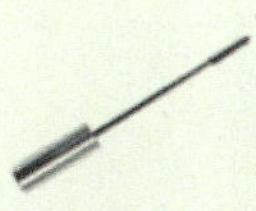

솔이 얇은 마스카라

솔이 굵은 마스카라

아무래도 솔이 굵은 마스카라는 피부에 쉽게 닿아 번지기 쉽다. 독특한 삼각형 구조가 속눈썹을 풍성하게 한다.

5) 볼터치

Technic 5. 볼터치

연핑크나 오렌지 계열의 볼터치를 광대뼈 부분에 부드럽게 넓은 U자를 그린다는 생각으로 바른다. 부드러운 솔을 사용, 피부 자극을 최소화 할 수 있다.

피부에 바르면 눈으로 보았을 때보다 컬러가 더 옅어진다. 은은한 컬러로 피부에 생기를 더 한다.

오렌지 계열

짙은 브라운 계열

얼굴이 작아 보이도록 짙은 컬러의 볼터치로 섀딩을 주는 것은 이제 그만. 턱 라인이 더욱 강조될 수 있다.

6) 립라이너

Technic 6. 립라이너

립스틱을 바를 때만 라이너로 그리는 것이 절대 아니다. 립글로스를 바를 때도 누드계열의 립 라이너로 입술 라인을 그리면 한결 또렷한 입술을 연출할 수 있다.

피부톤과 같은 누드 립라이너. 립라이너를 발랐다는 티가 나지 않도록 살짝 그리는 것이 포인트

진한 컬러의 립라이너로 그리는 건 절대 금물. 소녀다운 순수함이 전혀 없는 아줌마 스타일이 될 수 있다는 것을 명심

7) 립글로스

Technic 7. 립글로스

촉촉하지만 지나치게 많이 발라 번들거리지 않도록 주의할 것. 립 브러시를 이용해 바르면 한결 정교하고 깔끔한 입술을 연출할 수 있다.

| 여기서 잠깐 |

눈썹 그리는 기본 테크닉

눈썹을 그리기 전에 일단 자신의 눈썹머리, 눈썹산의 위치, 눈꼬리의 위치를 정하는 것이 중요하다. 일반적인 눈썹의 형태와 길이를 재는 방법은 다음과 같다.

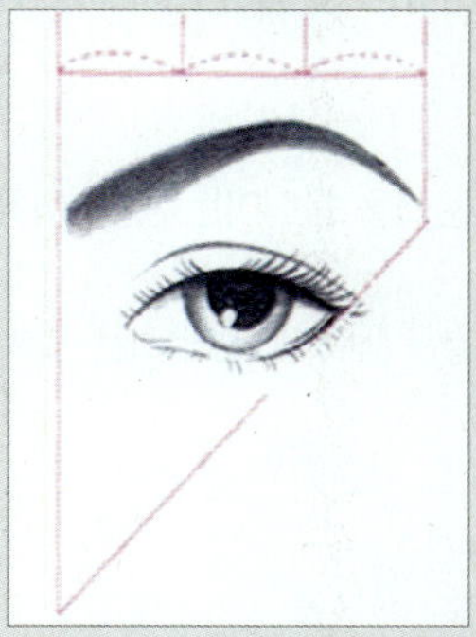

- 눈썹머리

콧망울에서 일직선으로 눈썹이 만나는 곳을 시작점으로 한다.

- 눈썹산

눈썹머리에서 눈썹 꼬리 쪽을 지나 2/3되는 곳을 눈썹산으로 정한다. 눈썹 산이 없으면 얼굴이 커보인다.

- 눈썹꼬리

콧망울에서 눈썹꼬리를 지나 눈썹과 만나는 곳을 기본으로 한다. 눈썹 중 가장 가는 부부이라고 생각하고 깔끔하고 가늘게 그려준다.

눈썹 모양과 그에 따른 느낌

각진눈썹

지적이고 단정하며 세련된 느낌. 둥근 얼굴형 또는 얼굴 길이가 짧은 사람

아치형 눈썹

우아하고 여성스러운 느낌. 각진 얼굴형 또는 이마가 넓은 사람

직선형 눈썹

젊고 활동적인 느낌. 긴 얼굴형 또는 이목구비가 뚜렷한 사람

처진 눈썹

평온하고 부드러운 느낌. 자칫 잘못 그리면 슬픈 듯한 분위기. 역삼각형 또는 이마가 넓은 사람

A. 눈썹 모양 만들기

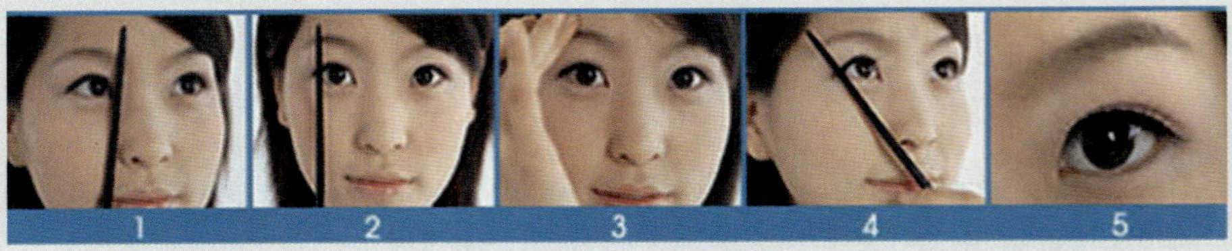

1. 먼저 눈썹 시작 부분을 체크한다. 눈 시작 부분과 콧날의 중간 지점이 바로 눈썹이 시작되는 위치. 연하게 표현되는 펜슬로 표시한다.
2. 눈썹의 높은 부분은 검은 눈동자 끝과 눈 끝의 중간 정도로 잡는다.
3. 눈썹 위에 손가락을 대고 힘을 주었을 때 움찔한 느낌이 드는 곳이 눈썹을 움직이는 근육. 이곳과 2에서 잡은 눈썹의 높은 부분을 연결한 선이 눈썹산이다.
4. 콧망울 끝과 눈꼬리의 연장선이 눈썹 끝의 위치. 눈썹 시작 부분과 같은 높이에 있게 하는 것이 중요하다.
5. 지금까지 표시했던 1, 3, 4를 연결해 눈썹의 형태를 잡으면 된다.

B. 잔털 제거하기

1. 눈썹털의 흐름에 따라 눈썹 시작 부분과 눈썹산은 위로 경사지게, 눈썹산부터 눈썹 끝까지는 아래로 경사지게 빗는다.
2. 라인 바깥에 나 있는 잔털은 뽑거나 잘라준다. 털이 나 있는 방향을 따라 뽑아주면 덜 아프게 뽑을 수 있다.
3. 가이드 라인에서 벗어난 눈썹 끝은 가위로 잘라준다. 이때 한번에 자르는 것은 부자연스러운 눈썹을 만드는 지름길. 한 올씩 커트하는 것이 좋다.

● C. 눈썹 그리기

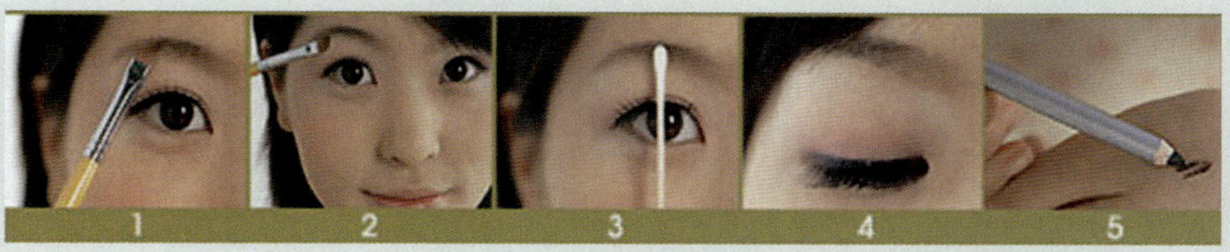

1. 눈썹 라인 안쪽을 섀도로 메워준다. 눈썹털 흐름에 따라 눈썹의 가장 높은 부분까지 조금씩 그리는 것이 요령
2. 가늘어지는 눈썹 끝은 섀도를 묻힌 브러시 끝이나 펜슬로 그린다. 이때 섀도가 라인에서 벗어나지 않도록 주의하자.
3. 눈썹 시작 부분부터 눈썹산까지의 위쪽 라인을 펴준다. 이때 방향은 얼굴 바깥쪽으로
4. 눈썹 시작 부분에 표시한 것을 면봉으로 펴준 다음, 브러시에 섀도를 묻혀 넉넉하게 시작 부분을 칠한다. 이때 브러시를 눈썹 시작 부분 아래에서 위로 여러 번 움직이듯 엷게 칠하는 것이 포인트
5. 눈썹 끝을 그리기 위해 펜슬 끝을 가늘게 손질한다. 심이 딱딱한 펜슬을 옆으로 눕히고, 종이나 손등 위에 대고 미끌어지듯하게 칠하다 보면 가늘어진다. 그 다음 눈썹 끝을 펜슬로 그려준다.

● 본인의 얼굴형에 어울리는 눈썹을 디자인하여 보자

memo

3. 헤어스타일링 연출

① 두피관리

1) 두피관리의 중요성

기존의 모발관리는 모발부분만 하다보니 모공 주변이 피지나 이물질, 노화 각질 등에 의해 막히게 되고 그 결과 안에서 나오는 분비물 등으로 모발이 성장하는 데 장애가 된다. 또한 피지선에서 분비되는 피지가 제대로 밖으로 나오지 못하기 때문에 두피 염증이나 홍반 그리고 심한 경우 탈모 또는 지루성 피부염 같은 문제점을 낳게 된다.

두피관리는 모발성장에 장애가 되는 문제점을 제거해 주어 외부로부텅의 영양 공급도 원활히 이루어지도록 도와주고, 또한 내부에서 분비되는 탄력 있고 윤기 있는 모발이 원활하게 성장할 수 있도록 도와주기 때문에 꼭 필요한 기본 관리이다.

2) 두피 스트레스 해소법

겨우내 익숙했던 두피는 갑자기 따뜻해진 기온과 강렬한 자외선으로 쉽게 민감해져 트러블이 생기기도 한다. 이럴 땐 충분한 휴식과 함께 가벼운 마사지로 두피를 보다 쉽게 관리할 수 있습니다. 두피를 전문적으로 관리해 주는 곳에서 '두피 스파'를 받는 것이 가장 좋지만 이 방법은 금전적, 시간적으로 충분하지 못한 현대 여성들에게는 다소 무리가 있다. 특히, 두피는 지속적으로 집중 관리해줘야 건강을 회복할 수 있는데, 일회성에 그치게 되면 돈과 시간을 낭비할 뿐이다.

3) 홈 케어 '1분 두피 마사지'

두피 마사지는 혈액 순환에 도움이 될 뿐만 아니라 스트레스 받은 두피를 진정시키고, 다양한 두피 트러블을 완화해 주기 때문에 건강한 두피관리를 위한 좋은 습관이라 할 수 있다.

1. 샴푸 후 두피에 오백원 동전 분량의 '두피샴푸'를 두피에 골고루 발라 가르마 부분을 네 손가락으로 가볍게 누른 다음 좌우로 2~3회 누른다.
2. 가장자리 머리 중심부 후두부 순으로 가볍게 만져준다. 이 동작을 6회 정도 반복
3. 손가락을 통과시키듯 10회 정도 머리를 위에서 아래로 쓸어 내린다.
4. 마지막으로 머리카락 전체를 잡아당기듯 끌어 올린 후 서서히 내리면서 마무리한다.

두피 마사지는 모발을 건강하게 해 줄 뿐만 아니라 윤기 있고 건강한 모발을 위한 가장 기초적인 단계이다.

무엇보다 가장 중요한 건 '단백질이 충분한 음식을 많이 섭취'하는 것이다.

2 윤기나는 모발관리

TIP

모발은 한 번 손상되면 재생 능력이 떨어지기 때문에 손상되기 전에 예방하는 게 최선이다. 찰랑찰랑 윤기나는 모발을 위한 모발관리법과 환절기 건조해 질 수 있는 두피케어 방법을 알아보자.

윤기나는 모발을 위한 평상시 관리법

1. 자신의 모발 타입에 맞는 샴푸를 적당량 사용하기
2. 머리를 감을 땐 미지근한 물로 사용하기
3. 샴푸, 린스 후에는 충분히 헹구어 주기
4. 드라이 시 미지근한 바람으로 머리 말리기
5. 빗질은 머리가 마른 상태에서 좋은 빗을 사용하여 두피 깊이 마사지하듯이 빗질해주기

헤어제품 앰플과 에센스

영양분이 진하게 농축되어 있는 앰플은 한 번만 사용해도 윤기와 찰랑거림에 대한 효과를 바로 확인할 수 있는 스페셜 케어 제품이다. 일주일에 한두 번 사용하고, 사용할 때는 3분 정도 마사지한 후 헹구면 된다. 좀 더 빠른 효과를 원한다면 앰플 사용 후 스팀타월을 쓰고, 10분 정도 지나 헹구면 열기로 인해 머리카락의 단백질이 단단해져 그 효과를 오래 지속할 수 있다.

헤어 에센스

- 모발뿐 아니라 두피에도 사용해야 하는 필수 케어제품이다.
- 가려움 등 두피 트러블이 생기는 민감하고 연약한 두피엔 샴푸 후 타월 드라이를 하거나, 건조 상태에서 트러블이 있는 부위를 중심으로 팥알 크기만큼 한 방울씩 에센스를 뿌려주면서 문질러 주면 좋다.
- 얼굴이 건조해지면 미스트를 뿌리는 것처럼 머리카락도 마찬가지이다.
- 손상이 심한 모발이라면 헤어 전용 에센스를 휴대하고 다니면서 머리카락에 수시로 뿌려주는 것이 좋다.

오일타입 에센스

- 푸석함과 건조함을 빠르게 케어해주는 대신 지성 모발에는 수시로 바르기 부담스러울 수 있으므로 워터 타입의 에센스로 푸석함을 느낄 때마다 수시로 뿌려주면 온종일 산뜻하고 매끈한 머릿결로 관리할 수 있다.

브러싱 (빗질)

- 두피의 혈액순환을 도울 뿐만 아니라 모발 표면에 있는 큐티클층을 가지런히 정리해 주는 효과를 준다.
- 하루 30~40번의 브러싱은 윤기 있는 헤어로 가꾸기 위한 첫 단계라 할 수 있다.

모발관리 TIP

STEP 01 하루에 50회 이상 기초 브러싱	끝이 둥글고 매끄러운 빗으로 두피를 자극해주면 모근이 튼튼해지는데, 두피의 영양분이 머리카락에 고루 전해질 수 있도록 하기 위해서는 앞쪽에서 뒤로 왼쪽에서 오른쪽으로 하루 50번 정도 빗는다. 머리 감기 전에도 머리를 한 번 빗어주면 샴푸 시 머리가 빠지는 것을 어느 정도 예방할 수 있다.
STEP 02 피지 분비량/샴프	일반적으로 샴푸는 이틀에 한 번꼴로 하는 것이 가장 적당하며 너무 자주하면 머리카락이 건조해지고 푸석해지므로 주의해야 한다. 단, 피지 분비량이 많다고 생각되면 하루 한 번도 적당하다.
STEP 03 저녁에 머리를 감았다면 꼭 다 말리고 자기	머리카락도 자는 동안에 영양이 전달된다고 하니 머리에 왁스, 에센스, 스프레이를 발랐다면 꼭 씻어낸 후 잘 말린 후에 자야 머릿결이 회복되는 데 도움이 된다.
STEP 04 린스는 손상된 부위에만 충분히 바른다.	린스의 역할은 머리카락에 손상된 큐티클층을 정돈해 주는 것인데, 손상이 있는 머리끝 부위에 집중적으로 마사지하듯이 톡톡 두드려준 후 깨끗하게 헹궈내 주는 것이 좋다.
STEP 05 주1회 트리트먼트 제품으로 영양보충	손상된 머리결을 회복시켜주고 영양분을 공급해주는 트리트먼트는 건강한 모발을 가진 사람도 주1회 정도 꾸준히 해주는 것이 좋다. 바를 때는 머리카락 끝부터 두피까지 고르게 바른 후 랩이나 헤어팩을 두른 상태로 15분 정도 방치해 두었다가 헹군다.
STEP 06 머리를 말릴때는 타월을 톡톡 두드리면서 물기만 털어내기	머리카락은 젖은 상태에서 가장 손상될 위협이 많으므로 머리카락을 비비거나 말리는 것은 삼가한다. 머리를 말릴 때는 타월을 이용해 톡톡 두르리면서 물기만 제거한다.
STEP 07 드라이기는 물기를 제거한 후 이용	물기가 있는 상태에서는 머리카락이 약해져 손상을 입기 쉬우므로 뜨거운 바람보다는 찬바람으로 물기를 완전히 제거한 헤어와 20cm이상 거리를 유지하면서 말려준다. 뜨거운 바람으로 말리더라도 마무리는 반드시 찬바람을 이용한다.

3 헤어스타일 연출

1) 달걀형

● 얼굴형의 특징

- 이상적인 얼굴형
- 세로 가로의 약 1.5배 정도의 비율을 유지하는 스타일
- 다른 얼굴형을 수정할 때 기준이 되는 얼굴형
- 어떤 디자인도 어울릴 수 있는 형이므로 얼굴의 윤곽을 그대로 드러내는 것이 좋다.
- 다양한 헤어 스타일을 연출할 수 있다.

2) 둥근 얼굴형

● 얼굴형의 특징

- 원형이 강조되는 얼굴로 헤어라인과 턱선이 눈에 띄게 둥근형
- 얼굴이 넓이와 길이가 거의 동일한 형
- 다소 귀엽과 발랄한 분위기를 주어 나이에 비해 어려보이는 장점이 있다.

● 어울리는 헤어스타일

- 둥근 얼굴을 최대한 길어 보이도록 하기 위해서는 앞가르마를 피하고, 옆가르마를 이용 하여 탑부분으로 볼륨을 주고 옆부분은 볼륨을 피한다.
- 수평선보다 수직선이 강조되는 헤어스타일을 통해 둥근형을 세련되고 개성 있게 보이 도록 연출한다.
- 긴 머리가 강조되는 스트레이트나, 탑부분에 볼륨을 주는 자연스러운 업스타일, 옆가 르마를 이용한 탑부분에 볼륨이 들어간 헤어스타일이 비교적 둥근 얼굴형에 어울리는 헤어스타일로 볼 수 있다.

● 피해야 할 헤어스타일

- 귀 뒤로 두발을 넘겨 얼굴을 드러내면 더욱더 둥근 느낌을 강조하게 되므로 피한다.
- 양 옆쪽으로 볼륨을 주는 것은 절대로 피한다.

3) 사각형 얼굴

● 얼굴형의 특징

- 얼굴 광대뼈와 턱부분이 돌출되어 있어서 딱딱하고 고집스러운 인상을 줄 수 있다.

● 어울리는 헤어 스타일

- 길어 보이는 것보다는 둥글게 보이는 것이 중요하므로 얼굴을 감싸는 느낌의 헤어라인 부위에 그라데이션을 많이 내는 헤어스타일이 적당하며 턱선이 드러나지 않도록 하는 것에 유의한다.
- 비대칭 스타일이나 전체적으로 굵고 부드러운 웨이브의 스타일이 어울린다.

4) 장발형 얼굴

● 얼굴형의 특징

- 공허한 분위기의 뺨을 가진 길고 가는 얼굴
- 얼굴의 세로 길이가 가로 폭에 비해 매우 길다.
- 긴 얼굴은 지루해 보이며 턱이 길고 뾰족하면 자칫 날카로운 느낌을 주기 쉽다.

● 어울리는 헤어 스타일

- 얼굴이 전체적으로 길어 보이지 않게 하는 데 중점을 둔다.

- 이상적인 헤어스타일은 단발형의 보브스타일
- 앞머리는 낮게 뱅(bang)을 만들고 옆머리는 전체적으로 층을 준 헤어스타일로 산뜻한 느낌을 준다.

● 피해야 할 헤어스타일

- 얼굴형이 그대로 드러나 보이는 업스타일(up style), 앞가르마를 나누는 것은 절대 피 한다.
- 스트레이트 단발이나 머리 길이가 얼굴 윤곽보다 짧으면 긴 얼굴형이 돋보이게 되므로 적합하지 않다.

5) 역삼각형 얼굴

● 얼굴형의 특징

- 얼굴 이마 폭이 넓고 양 턱의 선이 좁은 얼굴형
- 시원하고 보기 좋은 이미지를 준다.

● 어울리는 헤어스타일

- 모든 헤어스타일이 비교적 잘 어울리는 얼굴형
- 탑(top)을 조금 높게 하고 튼 뱅(bang)으로 이마를 좁게 하며 옆은 턱쪽 부분에 양감을 많게 하면 턱선을 부풀어 보이게 하여 뾰족한 것을 보완한다.

● 피해야 할 헤어스타일

- 머리 윗부분을 평평하게 하거나 옆선을 강조하지 않도록 한다.
- 키가 작은 사람은 롱 헤어스타일을 삼가는 것이 좋다. 특히, 퍼머 등으로 볼륨을 살리면 머리나 얼굴이 실제보다 더 커 보이게 되고 키를 더 작아보이게 한다.

| 생각해보기 |

● 여성 앵커들 왜 단발머리 일색인가

TV 속에서 초보적인 앵커 시스템이 선보인 것은 1970년 10월, 취재기자들이 직접 등장하고 전달자인 메인 진행자가 나오는 체제를 갖춘 MBC '뉴스 데스크'였다. 앵커 시스템이 도입된 이후 30여 년 동안 변하지 않는 것이 하나 있다. 바로 여성 앵커의 머리 스타일이다.

TV 뉴스는 감정과 개성이 있는 진행자에 의해 전달되는 특성을 갖고 있기에 활자로만 전달되는 신문 뉴스와 비교해 뉴스 전달자의 음성이나 용모, 태도로 인해 영향을 받는다. 이로 인해 TV뉴스 프로그램에 대한 대중의 관심은 뉴스 전달자인 앵커에 대한 관심으로 이어진다. 또한 본격적인 영상시대에 접어들면서 이미지의 중요성이 강조되면서 더더욱 뉴스 앵커의 개성과 용모에 대한 관심이 고조되고 있다.

뉴스를 진행하는 앵커는 뉴스 전달자의 핵심이다. 따라서 전달자의 외모, 말투, 헤어스타일, 의상 등 외형적인 것에 많은 영향을 받기에 여성 앵커가 누구냐에 따라 뉴스 시청률이 영향을 받는 것은 부인할 수 없는 사실이다. 그래서 방송사에선 오디션 등 다양한 절차를 통해 여성 앵커를 선발하고 여성 앵커들은 의상에서부터 헤어스타일까지 신경을 쓰게 된다.

뉴스는 공정성과 객관성, 속보성, 의미성으로 승부를 해야 한다는 원칙에도 불구하고 영상매체인 방송사의 뉴스는 전달자의 영향을 받기 때문에 KBS, MBC, SBS 등의 여성 앵커들은 의상에서부터 헤어스타일에 이르기까지 많은 신경을 쓰는 것이다.

그런데 한국 방송의 모든 뉴스 여성 앵커들은 한결같이 약속이라도 한 듯 단발머리 스타일이다. 그것도 30여 년 이상 지속되는 것이다.

왜 그럴까? 방송 내외적인 이유가 있다. 일단 뉴스의 신뢰성을 주기 위해 단정한 머리 스타일을 고수하는 방송사의 경직된 분위기가 가장 큰 원인이다. 또한 프롬프터(뉴스 기사를 화면으로 보여 주는 기계)를 읽는 데 단발이 편하기 때문이다. 머리가 흘러 프롬프터를 읽는 데 방해를 받을 수 있기 때문이다.

하지만 이제는 방송환경이 변했다. 외국 방송의 앵커처럼 다양한 머리 모양을 하고도 공정성과 객관성, 의미성을 가진 뉴스를 효율적으로 전달할 수 있다.

어쩌면 여성앵커들의 단발머리는 우리 방송사에 내재하고 있는 개성을 무시하는 뉴스 진행자에 대한 보수적인 분위기의 산물인지 모른다. 또한 뉴스 진행자에 대한 시청자의 경직된 시각 역시 그 오랫동안 하나의 획일적인 단발머리를 고수하는 원인으로 작용하고 있다.

memo

제6장

취업 전략과 면접이미지

1. 취업 준비와 전략
2. 자기 분석 및 피드백
3. 면접 준비와 면접 이미지

[학습목표]

1. 취업 준비의 전략을 이해하고, 자신만의 전략을 계획할 수 있다.
2. 홀랜드를 통해 자신의 흥미 유형을 이해하고, 직무선택에 있어서 활용할 수 있다.
3. 성공적인 면접 준비를 기획하고, 면접 시물레이션을 통한 면접 매너를 강화시킬 수 있다.

제6장
취업 전략과 면접이미지

1. 취업 준비와 전략

인간은 일을 통하여 역사성과 사회성을 갖추게 된다. 일, 특히 노동은 기본적으로 두가지 측면의 사회관계, 즉 사람과 자연, 사람과 사람 사이를 연결해주는 고리 역할을 수행한다. 노동은 사람이 삶을 영위하기 위한 영원한 자연의 본질이며, 사람과 자연 사이의 신진대사를 위한 필연적 조건이다. 또한 인간과 자연의 변치 않는 관계를 통하여 그 속에서 인간 상호관계도 형성된다. 인간의 활동을 매개로 사물 간의 교환이 생겨나기도 하고, 노동의 결과물로 인하여 사람들 사이의 다양한 관계가 형성되기도 하면서 사회관계는 여러 가지 형태로 표출된다. 따라서 일은 인간과 사회의 본성이라 말할 수 있다.

영국의 경제학자인 에른스트 슈마허(Suhumacher)는 서양에서 전통적으로 생각해온 노동의 핵심적인 역할을 다음의 세 가지로 제시한다.

첫째, 노동은 인간에게 자신의 잠재력을 사용하고 계발할 수 있는 기회를 준다.

둘째, 다른 사람들과 함께 공동의 일을 함으로써 태생적인 자기중심주의를 극복하게 해준다.

셋째, 품위 있는 생존을 위해 인간에게 필요한 재화와 서비스를 생산하는 역할을 한다.

모든 사람들에게는 일에 대한 환경과 능력의 차이가 존재한다. 또한 자신의 흥미와 적성에도 차이를 보인다. 문제는 자신의 기질과 조건을 올바로 인식하고, 현재와 미래의 균형을 어떻게 유지하느냐이다. "나는 지금 '왜' 이 일을 해야 하는가?" 끊임없이 스스로에게 질문해 보아야 하고, 일하는 분명한 목적과 자신감이 바로 서 있어야 한다.

1 준비와 전략

직업을 결정하는 것은 장기간에 걸쳐 자신의 내·외적인 요인을 고려하여 직업목표의 설정과 탐색이 이루어지는 과정이다. 대학생은 취업이라는 사건을 직면하게 되는데, 취업준비과정을 통해 입직확률을 높이고, 부정적인 취업 결과를 감소시킬 수 있는 매우 중요한 행동이라고 하였다. 그 동안 직면할 수 있는 사건들은 미리 예측될 수 있기 때문에 그에 대한 준비가 가능하다고 하였다. '준비(preparedness)'는 예상되는 부정적인 결과를 다루기 위한 행동적인 노력이라고 하였다.

'전략'(strategies)은 주로 군사학에서 사용되는 용어로 최종적인 목표를 실현시키기 위한 조직이나 개인의 모든 계획 및 활동을 통합한 의미로 사용하는 데, 여기에서 취업 전략은 취업과 전략의 합성어로 개인이 직업을 가지기 위한 일련의 구체적인 행동이나 계획으로 규정할 수 있다. 대학생에게 있어서 취업 전략이란 자신의 취업목표를 수립하고 달성하기 위한 치밀하고도 정확한 준비와 행동을 말한다.

취업활동에서 정보의 탐색은 매우 중요하며, 노동시장에서의 양질의 정보는 성공적인 취업을 가능하게 만든다. 노동을 소재로 한 명화들이 많이 있다. 예술가들이 표현한 노동에 대해 살펴보자.

| 생각하기 |

일(노동)을 소재로 한 명화이다. 그림 속에서 어떤 노동이 나타나고 있는지, 그 느낌은 어떠한지 공유해보자.

원 중앙은 명화주제이다.

중심의 첫 번째 원은 직업명을 적는다.

마지막 원은 느낌을 적어본다.

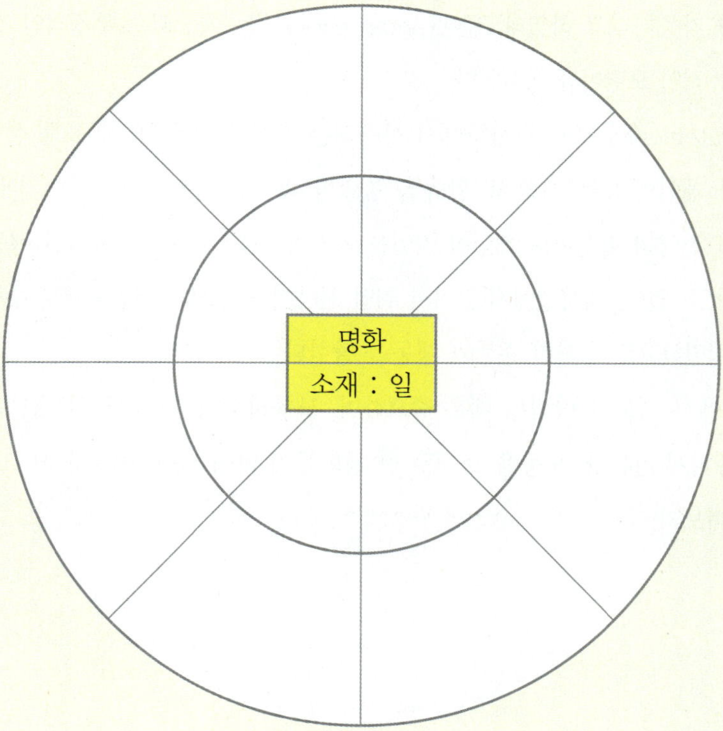

밀레(Jean Franiois Millet)의 이삭 줍는 여인들(The Gleaners)

밀레의 씨 뿌리는 사람(The Sower)

밀레의 만종(The Angelus)

김홍도의 풍속화 대장간

김홍도의 풍속화 기와 잇기

김홍도의 풍속화 고기잡이

김홍도의 풍속화 주막

김홍도의 풍속화 나무꾼

2 취업 전략(employment-strategies)

취업 전략(employment-strategies)은 취업이라는 목표를 달성하기 위해 구직계획을 세우고 취업과 관련된 전반적인 준비를 하는 것이다. 직업탐색보다 더 포괄적인 개념으로 자신이 원하는 직업을 갖기 위한 일련의 준비과정 및 행동을 의미한다. 취업활동에서 정보의 탐색은 매우 중요하며, 노동시장에서의 양질의 정보는 성공적인 취업을 가능하게 만든다. 따라서 개인의 취업활동의 적절한 행위와 능동적인 역할은 매우 중요하다.

네트워크 모형은 취업을 준비하는 대학생의 취업 전략을 잘 설명할 수 있다. 개인이 노동시장 진입을 위해 취업과 관련된 사회적 접속망을 넓히고 공식적·비공식적 정보탐색, 적극적 구직행위와 효과적인 예비적 취업준비활동을 함으로써 취업 가능성이 높아진다.

결과적으로 사회적 네트워크 모형은 사회적 접촉(Social Contacts)과 개인의 적극적인 구직행위(Job search)를 중요시한다. 네트워트 모형은 〈그림 6-1〉과 같다.

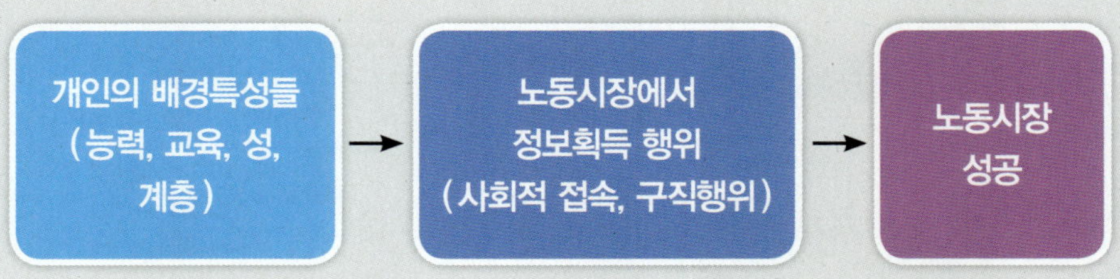

출처 : 장원섭(1997), 교육과 일의 사회학, p. 80.

〈그림 6-1〉 사회 이동에 대한 전통적 모형과 네트워크 모형

자신의 흥미, 적성, 성격, 능력 등과 같이 자신에 대한 정보를 탐색하는 과정과 미래의 직업전망, 승진 경로, 필수 요건, 작업환경 등과 같이 직업에 대한 정보를 포함하는 활동이다. 결국 취업 전략은 대학생의 취업에 초점을 맞춘 행동으로서 구체적인 취업계획을 세우고, 자신의 능력을 배양하며, 취업활동을 활발히 하는 집약적인 과정을 말한다.

자신의 성공적인 취업을 위해 다음의 BOX(HAVE-WANT LIST)를 통해 자신을 면밀히 살펴보자.

HAVE • WANT 나의 강점	HAVE • DON'T WANT 나의 단점 및 버려야 할 습관
DON'T HAVE • WANT 준비할 사항 현재 가지고 있지 않지만, 원하는 역량	HAVE • DON'T WANT 현재 가지고 있지 않지만, 지속적으로 노력하고 관리해야 할 모습

2. 자기 분석 및 피드백

1 흥미와 재능

흥미와 재능은 진로선택의 직접적인 요인은 아니지만 동기를 주는 요인으로 중요하다. 어떤 일을 수행하기 위해서는 능력도 중요하지만, 그것을 좋아하고 즐기는 마음이 있어야 그 일을 지속적으로 할 수 있다. 자신이 잘 할 수 있고 즐겁게 할 수 있는 일을 스스로 찾는 연습이 필요하다.

흥미는 일반적으로 어떤 현상이나 대상에 대해서 좋아하거나 싫어하거나 또는 관심을 갖거나 무관심한 것과 같은 경향을 말한다. 인간은 누구나 자기가 좋아하거나 관심 있는 일에 더 많이 몰입하고 시간과 노력을 기울이다. 그 결과보다 만족스러운 결과를 얻게 되면 그것이 강화되어 자신이 좋아하는 일을 더 잘하게 된다. 대부분의 사람들은 자신이 좋아하는 것을 직업으로 갖기를 원한다. 따라서 흥미는 진로선택에 있어서 가장 중요하게 고려되는 요소 중의 하나이다.

재능이란 어떤 일을 하는 데 필요한 재주와 능력을 뜻한다. 이는 개인이 타고난 능력과 훈련에 의하여 획득된 능력을 포함하는 개념이다. 인간은 누구나 타고난 저마다의 소질이 있다. 즉, 인간은 누구나 개인차가 있기 때문에 누구나 어떤 분야에 재능이 있고 또 다른 사람은 다른 분야에 소질이 있는 것이다.

2 적성

적성이란 어떤 일에 알맞은 성질이나 적응능력을 말한다. 적성도 개인차가 존재하므로 남다른 소질이 무엇인지를 발견하여 그것을 개발시켜 나가는 것이 필요하다. 따라서 진로를 결정할 때는 자신의 직업적성이 무엇인지를 파악하여 직업을 선택하는 것이 바람직하다. 적성은 타고난 측면도 있지만, 타고난 적성을 익히고 훈련시킴으로써 더욱 좋은 결과를 얻을 수 있다. 한편 지능은 일반적이고 포괄적인 능력의 가능성을 지칭하는 반면 적성은 구체적인 특정활동이나 작업에 대한 미래의 성공 가능성에 주안점을 둔다.

직업적성검사는 개인의 적성, 기질과 특정 직종 직업에서 직무수행에 요구되는 활동 간의 관계를 밝혀, 개인의 진로개발이나 구직활동에 유용한 직업정보를 제공한다. 개인의 진로개발과 구직활동에 유용한 직업정보를 탐색하기 위해 대표적인 검사로 홀랜드(Holland) 직업적성검사가 있다. 각종 적성검사가 개인의 모든 것을 대변해 주는 것은 아니다. 따라서 자신의 진로를 선택할 때 이러한 분석자료를 맹신하거나 불신하는 것은 바람직하지 않다. 다만, 자기 자신을 객관적으로 이해하고 어떤 특성을 지녔는지를 살펴 진로 방향을 설정한다든지 직종, 직업을 선택하는 데 참고자료로 활용하는 것이 바람직하다.

3 홀랜드를 통한 적성검사

홀랜드 직업 흥미 유형은 미국의 심리학자인 헐랜드(John L. Holland)가 개발하였으며, 성격 유형에 기반으로 한 직업 유형을 선택할 수 있게 한 심리검사이론이다. 직업적 흥미는 일반적으로 성격이라고 불리는 것의 일부분이기 때문에 개인의 직업적 흥미에 대한 설명은 곧 개인의 성격에 대한 설명이기도 한다. 홀랜드 모형은 사람들은 기본적으로 실제적, 탐구적, 예술적, 사회적, 설득적, 관습적의 여섯 가지 유형 중 하나로 구분하였다.

홀랜드 모형은 다음과 같은 5가지 개념들이 개인의 진로선택 후 어떤 결과를 예측하는 데 유용하다.

첫째, 육각형 모형에 근접한 유형들이 유사성이 더 높은 것으로 예측한다.

둘째, 개인과 직업환경이 얼마나 일치하는가를 측정한다. 개인과 직업환경이 일치하면 할수록 직무만족도가 높아질 수 있다.

셋째, 싫어하는 것과 좋아하는 것의 차이를 측정한다.

넷째, 육각형 모형에서 서로 인접한 유형들이 더 많은 공통점을 가지고 있다. 예를 들면

육각형에서 인접한 예술형과 탐구형이 상대적으로 떨어져있는 예술형과 관습형 보다 흥미의 일관성이 있다고 본다.

다섯째, 흥미, 재능, 자아정체감, 목표 등이 얼마나 안정되어 있는가를 측정한다.

자신의 진로를 결정하기에 앞서 적성검사와 성향검사를 해볼 필요가 있다.

그림 6-2의 워크넷 사이트에서 회원가입 후 로그인하여 자신의 흥미적성요인을 살펴보자.

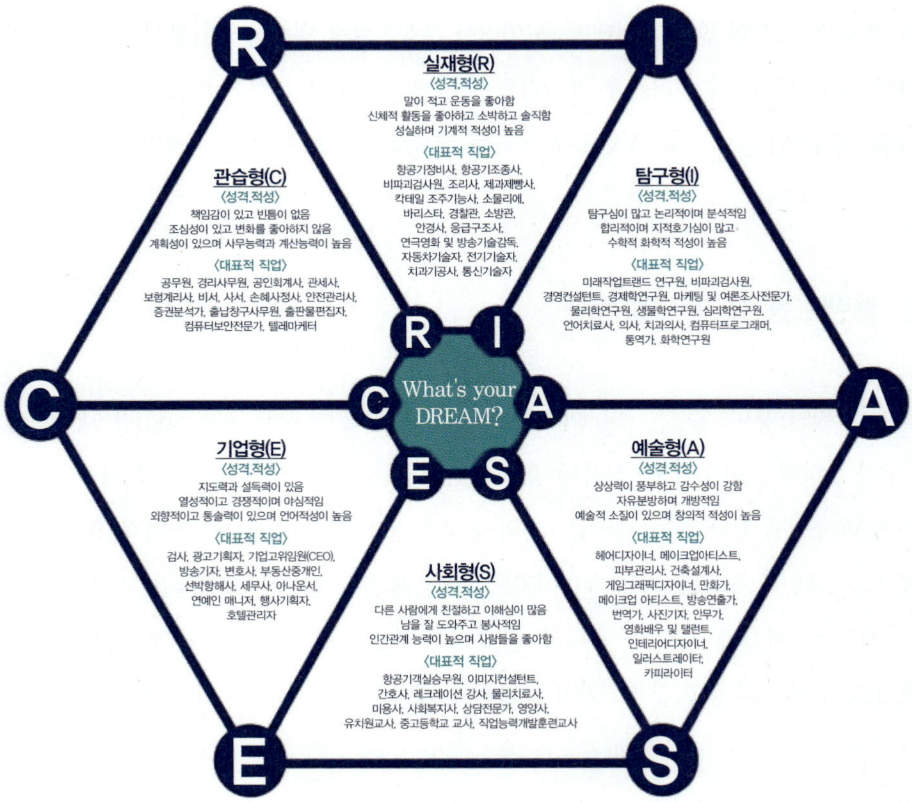

출처 : http://www.work.go.kr/index.jsp

〈그림 6-2〉 워크넷 사이트

④ 흥미 유형별 특성

① 실재형의 특성

선호활동	• 기계, 도구를 다루거나 사물을 조작하는 활동 • 밖에서 일하는 것을 선호 • 적은 그룹이나 혼자 일하는 것을 선호
회피활동	• 타인과의 상호작용
자신에 대한 신념	• 실제적인, 손재주와 기계적 기술을 가진 • 사회적 기술이 부족한
타인평가	• 평범한, 솔직한, 확고한, 단순한
가치	• 현실적인 성취에 대한 물질적 보상 • 일의 직접적인 결과 중시 • 인생을 직접적이고 단순한 것으로 여김

② 탐구형의 특성

선호활동	• 과학적이고 학문적인 활동 • 문제해결 및 조사활동 • 자연과 사회현상에 대한 통제
회피활동	• 타인을 설득하거나 물건을 판매하는 활동
자신에 대한 신념	• 분석적인, 지적인, 학문적 재능을 가진 • 대인관계기술이 부족한
타인평가	• 논리적인, 합리적인, 지적인, 비사교적인
가치	• 지식의 개발 혹은 습득 • 삶을 탐구할 만한 가치가 있는 것으로 여김

③ 예술형의 특성

선호활동	• 재능이나 기술, 독창력을 활용한 작품활동 선호 • 자기표현을 위한 재능 활용
회피활동	• 짜여진 규칙에 의해 반복적이고 정형화된 활동
자신에 대한 신념	• 경험에 대한 개방적인, 창의적인, 자유로운
타인평가	• 판에 박히지 않은, 창조적인
가치	• 예술적 가치 추구 • 아이디어, 감정 및 정서의 창조적인 표현 추구

④ 사회형의 특성

선호활동	• 다른 사람들을 가르치는 활동 • 타인을 돕고 치료하는 활동
회피활동	• 기계적이고 기술적인 활동
자신에 대한 신념	• 동정적인, 대인관계가 좋은
타인평가	• 상냥한, 사교적인, 외향적인
가치	• 삶의 목적을 다른 사람을 위해 봉사하는 것으로 여김 • 다른 사람의 문제해결을 돕고 삶의 개선에 관심

⑤ 기업형의 특성

선호활동	• 사람들을 설득하거나 지도하는 활동 • 타인을 이끌거나 물건을 판매하는 활동 • 정치적이고 경제적인 환경을 좋아함
회피활동	• 과학적이고 체계적인 사고를 필요로 하는 일
자신에 대한 신념	• 설득능력을 가진, 확신에 차 있는
타인평가	• 열정적인, 자기주장이 강한, 설득적인
가치	• 삶을 권력과 사회적 지위, 물질적인 부의 관점으로 봄

⑥ 관습형의 특성

선호활동	• 규칙을 세우고 유지하며 기준을 따르는 활동 • 조직화하거나 파일을 정리하는 등의 사무적인 일
회피활동	• 모호하고 구조화되지 않은 활동들
자신에 대한 신념	• 안정적인, 규칙을 잘 알고 있는
타인평가	• 성실한, 안정적인, 조심스러운
가치	• 인생을 예견할 만하며 규칙으로 예측 가능하다고 여김 • 조직 내에서의 안정적인 위치를 중요시 여김

3. 면접 준비와 면접이미지

칙센트미하이(Csikszentmihalyi) 교수는 행복론에서 "인간은 통제와 몰입을 통해서 행복을 느낀다"고 말한다. 통제란 자신의 삶의 목표를 스스로 정하고 이를 이루어 나가는 과정이고, 몰입은 어떤 일에 집중할 때 즐거움과 만족을 느낀다는 것이다. 인간은 자신이 스스로 정한 목표에 더 잘 몰입할 수 있기 때문이다.

노자는 "남을 아는 것은 현명하다. 그러나 자기 자신을 아는 사람이 더 현명한 사람이다. 남을 이기는 사람은 강하다. 그러나 자기 자신을 이기는 사람은 더 강하다."라고 말한다.

효과적인 취업준비를 위해서는 자신이 좋아하는 일, 그래서 잘 할 수 있는 일, 그래서 오래할 수 있는 일, 그래서 행복한 일을 찾아야 한다. 즉, 자신이 이루고 싶은 꿈이나 인생의 목표가 있어야 한다.

① 취업 준비

대학생에게 있어서 취업전략이란 자신의 취업목표를 수립하고 달성하기 위한 치밀하고도 정확한 준비와 행동을 말한다. '전략'은 최종적인 목표를 실현시키기 위한 조직이나 개인의 모든 계획 및 활동을 의미한다. 취업전략은 취업과 전략의 합성어로 개인이 직업을 가지기 위한 일련의 구체적인 행동이나 계획으로 규정할 수 있다.

1) 기업 분석

취업 전략에서의 기업 분석은 기업이 원하는 역량이 무엇인지를 찾아내는 과정이다. 기업의 홈페이지에 있는 기본 정보를 탐색하여, 기업의 미션, 인재상을 살펴보자. 최근 기업 문화와 동향은 어떤지 함께 탐색한다. 더불어 나와 가치관이 맞는지 기업의 안정성, 수익성, 성장성은 어떠한지 탐색한다. 아래의 요인들에 해당하는 내용을 완성해 보자.

항목	세부 항목	탐색 내용
기업문화	경영이념	
	비전/미션	
	인재상	
주요 사업	사업 내용	
	최근 동향	
근무조건	초임/복리후생	
기업이미지	최근기사	
나와 직무연결성	관심 직무	
	필요 역량	

2) 이력서와 자기소개서 준비

이력서는 한 장으로 나를 대변하는 대변인이다. 지원자 자신의 능력과 경험을 체계적으로 정리한 문서로 자기 홍보를 위한 글이기도 하다. 취업 준비에 있어서 이력서를 먼저 잘 준비해야 하는 이유는 첫 관문인 서류전형에 있어서 취업의 당락이 결정되기 때문이다. 자신의 가치를 평가받는 아주 중요한 마케팅 도구이므로 긍정적인 이미지가 남도록 작성해야 한다.

이력서는 한두 페이지에 자신에 대한 정보를 요약하며, 자기소개서는 이력서에 제시된 내용과 관련하여 후보로서의 자신의 자질과 적합성을 부각시킨다. 그리고 최종적으로 인터뷰 형식을 통하여 직접 의사소통을 하는 과정을 갖는다. 이러한 취업과정에서 개인이 자신의 능력과 경험을 효과적으로 제시하는 것은 매우 중요하다.

채용 진행의 첫 단계인 이력서의 준비에서 인사담당자들이 말하는 성공적인 지원서 작성법은 다음과 같다.

- 최대한 채용담당자의 입장에서 정확하고 솔직하게 사실에 근거해서 과장 없이 작성하여야 한다.
- 가능한 한 빈칸이 없도록 작성하며 간결하면서도 구체적이고 자세히 작성한다.
- 자기소개서는 연대기가 아니다. 어느 고등학교, 대학을 나와 몇 년부터 몇 년까지는 무엇을 했고, 다음에는 무엇을 했으며 이러한 이야기는 이미 이력서에 들어 있다는 것을 명심해야 한다.
- 나에 대한 PR을 하는 것이라고 여겨 자신의 강점, 경력을 호소할 수 있게 솔직하게 작성해야 한다.

자기소개서 항목별 기술내용

1. 성장 배경	2. 성격의 장·단점	3. 학창시절 및 경력	4. 지원 동기 및 포부
• 자신의 성격, 성장 배경 소개 • 솔직 담백한 표현 • 참신한 표현	• 지원업무와 적합한 성격, 관심 분야 강조 • 단점 극복의 노력도 기술	• 보유한 스킬, 지식, 경험이 지원업무에 적합함을 설득	• 회사에 대한 관심을 긍정적으로 표현 • 자신의 경력개발계획 및 포부 표현

● NCS기반 자기소개서 경험사례 찾기

구 분	사례(경험)
문제해결 능력 발휘	
좌절이나 고난 극복	
윤리적 갈등	
실패와 극복	
직무와 관련한 경험	
주인의식을 발휘한 사례	
도전적인 목표	
대인관계 / 조직경험	
창의력 발휘	

● 자기소개서 체크리스트

구분	내용	체크
공통	비즈니스 상황에 맞게 작성하며, 정돈되고 깔끔하게 작성한다.	
	철자법 검사를 통해 정확한 철자로 작성한다.	
	간결하게 작성하되, 한 가지 주제를 갖고 '자신에 대한 이미지'를 만들도록 한다.	
	과장없이 진실하게 작성한다.	
	기업의 입장에서 읽기 쉽게 작성하며, 관심을 불러일으킨다.	
	Opening은 요약, 질문, 뉴스, 창의적인 문구 등을 동원하여 인사담당자의 주의를 환기시킨다.	
	직무 관련 경험과 교육 등을 중심으로 작성한다.	
	차별화 전략으로 자신을 PR한다.	
	이력서 내용을 보강하며 강조하는 내용으로 작성한다.	
	진부한 사례나 문구 등을 사용하지 말아야 한다.	
	자신의 기술, 경력은 구체적으로 기술한다.	
	방대한 내용이나 상투적 표현을 자제하고, 자신의 업무 강점을 강조한다.	
	관련 직무와 연관된 교육, 훈련, 개인적인 자질 등을 열거한다.	

② 면접 매너

취업면접은 면접자가 지원자의 능력과 기술, 진로 목적, 지난 날의 일의 경험, 지도력, 대인관계, 가정생활 그리고 지원하는 직장이나 직무에 대해 어느 정도 알고 있는지 등을 탐색하기 위해서 지원자에게 묻는 질문에 지원자가 대답하는 의사소통과정이다. 이러한 관점에서 볼 때, 응시자의 의사소통 능력이 취업면접에서 중요한 요인임을 알 수 있다.

의사소통은 언어적, 비언어적 행동으로 이루어진다. 취업면접에서 응시자의 서투른 문법구사, 간결치 못한 대답 내용, 명확하지 못한 발음, 그리고 지나치게 겸손한 말과 같은 언어적 행동과 경직된 자세, 시선 접촉의 회피, 손놀림이나 머리 끄덕임의 부자연스러움 등과 같은 비언어적 행동은 면접자에게 부정적인 인상을 주게 되어 선발평정에 나쁜 영향을 미치게 된다.

남성 면접자세	여성 면접자세
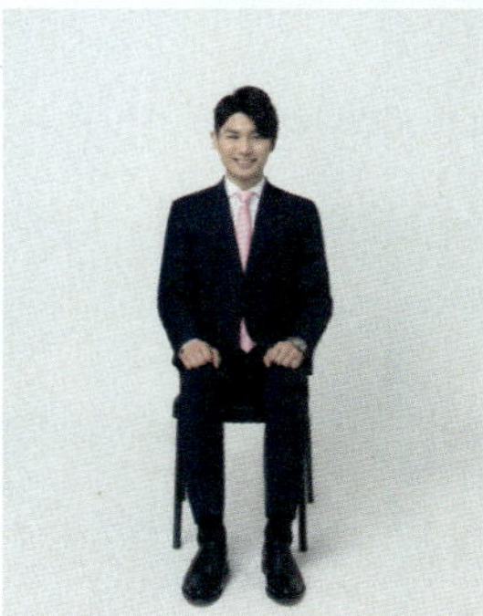	

1) 언어적 행동

첫째, 면접자의 질문에 간결하게 대답한다.

둘째, 면접자의 질문에 머뭇거림 없이 대답하며, 자신의 의견을 소신 있게 말한다.

셋째, 질문의 문제의 핵심을 파악해야 한다. 면접관이 원하는 요소를 제대로 파악하고 논점을 파악하여 답변을 해야 한다.

넷째, 자신의 생각, 의견, 느낌을 솔직하고 정직하게 표출하며, 성의 있는 태도로 말한다.

다섯째, 자신에 관해 긍정적으로 말한다.

여섯째, 음성을 지나치게 부드럽게 하거나 너무 크게 하는 것을 삼간다.

일곱째, 착 가라앉은 소리와 감정표현을 위해 의도적으로 지나친 음성조절은 삼간다.

2) 비언어적 행동

첫째, 시선의 접촉에 있어서 면접자는 질문에 대답할 때 질문한 면접자와 시선의 접촉을 유지한다.

둘째, 자세의 경우 양손을 무릎 위에 가지런히 놓되, 다리를 꽉 모은 경직된 자세는 피하고 자연스럽고 편안한 자세를 취하도록 한다.

셋째, 손놀림의 경우 손을 한 곳에만 가만히 두는 것은 삼가며, 손놀림을 할 경우에는 어깨 아래쪽 범위에서 자연스럽게 움직인다.

넷째, 얼굴 표정의 경우 피식 웃거나 이마를 찡그리거나 하는 행위는 삼간다.

다섯째, 목소리의 경우 음성이 지나치게 부드럽거나 느림은 수동적으로, 너무 크면 가끔 공격적으로 보이므로 주의한다.

면접 체크리스트

공통	내용	체크
언어적 행동	의사표시를 간결하게 말한다.	
	확신감을 가지고 명확하게 말한다.	
	질문에 경청하고 주어진 답에 적절하게 응답한다.	
	중요 내용을 강조하며, 억양을 조절한다.	
	지나친 자기과시나 영어 남발을 하지 않는다.	
	회사에 대한 잘못된 정보, 과거 정보를 가지고 면접에 응하지 않는다.	
	최대한 격식을 갖춘 자신 있는 말투를 사용한다.	
	과장하지 말고 진실되게 응답한다.	
비언어적 행동	면접관과 자연스럽게 시선 처리가 된다.	
	편안하게 면접관과 시선을 맞추며, 대답 도중 딴 곳으로 시선을 돌리지 않는다.	
	지나치게 눈을 깜빡거리지 않는다.	
	미소 지으며 편안한 자세로 임한다.	
	다리를 떨거나 산만한 행동은 자제한다.	
	적당한 음성으로 소리를 내며, 적당히 손과 머리 끄덕임을 통해 자연스럽게 질문에 호응한다.	
	일에 대한 열정과 관심을 지속적으로 보인다.	
	집중해서 앉아 있는다.	
	몸을 조금 앞으로 기울여 면접관 말에 신중하게 귀 기울이고 있다는 것을 나타내 보인다.	

BUSINESS
MANN

매너는 좋은 인간관계와 삶을 멋지고 풍요롭게 영위하는 데 필요한 기술이라고 말할 수 있다. '매너(manner)'란 Manus(손, 행동, 습관) + Arius아리우스(방법, 방식)라는 합성어로 '손과 관계하는', 다시말하면 사람의 행동과 습관이라는 뜻을 내포하고 있다.

ER

제2부

비즈니스 매너

제7장

비즈니스 매너의 이해

1. 매너와 에티켓의 정의
2. T. P. O 매너의 연출 및 자기관리

[학습목표]

1. 매너와 에티켓의 기본 개념을 설명할 수 있다.
2. 비즈니스 매너의 중요성을 이해할 수 있다.
3. 상황에 따른 매너연 출을 통해 보다 품격 있는 자기관리를 통해 비즈니스를 잘 이루어낼 수 있다.

제7장

비즈니스 매너의 이해

1. 매너와 에티켓의 정의

올해 중국인 관광객 800만 명 유치 목표를 달성하기 위한 방안을 발표했다. 문화체육관광부는 관계 부처와의 협업을 통한 제도 개선과 홍보 마케팅 강화, 맞춤형 관광 콘텐츠 개발 및 프로그램 활성화를 통해 방한 매력도를 향상하고, 관광객들의 불편을 해소하는 등 중국인 관광객에 대한 친화적인 환경을 적극적으로 조성한다. 물론 마케팅과 프로그램 활성화를 통한 매력도를 향상시키는 것도 중요하지만 무엇보다 중요한 것은 국민의 의식 수준이다. 의식 수준은 교양과 매너(manner)로 표현되므로 우리나라를 찾는 외국인들이 받게 될 이미지를 긍정적이고 호의적인 이미지로 기억되게 해야 하는 것이 급선무인 것이다.

좋은 매너는 마음먹는다고 하루아침에 만들어지는 것은 아니다. 우리가 자주 사용하는 '매너'와 '에티켓'을 혼동하여 사용하는 경우가 많은데, 정확한 개념을 먼저 이해하고 살펴볼 필요가 있다.

1 매너

매너의 본래의 뜻은 사람에 대한 경의와 배려를 의미한다. 쉽게 말하면, 매너는 좋은 인간관계와 삶을 멋지고 풍요롭게 영위하는 데 필요한 기술이라고 말할 수 있다. '매너(manner)'란 Manus(손, 행동, 습관) + Arius아리우스(방법, 방식)라는 합성어로 '손과 관계하는', 다시말하면 사람의 행동과 습관이라는 뜻을 내포하고 있다. 즉, 매너는 에티켓보다 좀 더 포괄적인 '없다, 좋다, 나쁘다'의 개념으로 사람과 사람 간의 관계가 부드러워지고 기분 좋은 관계 유지를 하는 습관과 행동방식으로 성공을 바란다면 매너가 좋아야 할 것이다.

2 에티켓

에티켓(Etiquette)은 사람이 생활하는 데 있어 지켜야 할 법칙과 규율을 일컫는데, 이것을 프랑스어로써 오늘의 여러 분야에서 쓰이고 있으며 '예의범절'이라는 뜻으로 알려져 있다. 에티켓의 원 뜻은 프랑스어 에스티퀴에(estiquier)이며, 나무말뚝에 붙인 표지(출입 금지)를 의미하는 것으로 알려져 있다. 17세기 프랑스의 귀족들이 베르사유궁전에 출입할 수 있는 출입증을 프랑스어로 에티켓이라 하여 유래한 것으로 궁정 출입증, 즉 귀족 신분을 알리는 증표와 같은 것이다. 그들은 궁중예절이라 불리는 에티켓을 통해 전 유럽의 귀족사회로 신분상 차별화를 꾀하였고 궁정 출입증에서 궁정예법으로 의미가 발전하며 꼬리표의 역할을 했던 것으로 태양왕 루이 14세는 아름다운 베르사유 궁전에 혐오스러운 화장실을 둘 수 없다고 생각하여 마련하지 않았다고 한다. 그러다보니 화단은 늘 오물로 넘쳐나게 되고 악취가 진동하자 이를 보다 못한 정원사가 정원의 보호를 위해 화단에 들어가지 말라는 호소문을 붙여놓은 입간판(estiquier, 붙이다)에서 파생된 명사형으로 '입간판' 또는 '안내표지'를 세웠다고 한다. 따라서 에티켓은 살아가면서 반드시 지켜야만 하는 규범을 의미한다.

매너와 에티켓의 차이점을 살펴보자.

〈표 7-1〉 매너와 에티켓의 차이

매너(Manners)	에티켓(Etiquette)
'좋다, 나쁘다'로 예의를 질적으로 평가	'있다, 없다'로 예의 유무를 결정지음
개인, 개별의 의미를 내포	공공의 의미를 포함
방식(ways)	형식(forms)
행동을 하는 방법	행동기준
상대를 배려해서 조심스레 노크하는 것	화장실에서 노크를 하는 행동 자체

매너와 에티켓에 있어 가장 중요한 것은 아무리 훌륭한 매너라도 상대방을 존중하는 마음이 진심으로 내포되어 있지 않는다면 상대방은 본능적으로 느낌을 알아채고 오해할 수 있다. 상대를 존중하는 진심어린 마음으로 바른 매너를 실천하게 되면 상대방은 편안한 마음과 나에 대한 호감을 갖게 되며 서로가 상호신뢰를 형성하여 활발한 인간관계와 비즈니스 관계로 성장하게 될 것이다.

2. 비즈니스 매너의 중요성

직장에서 성공과 실패가 비즈니스 매너에 의하여 얼마만큼 영향을 미치는가에 대해 생각해 본다면 한 연구를 사례로 제시하고자 한다. 한 연구에서 다른 성향의 세 사람의 직장인을 대상으로 그들의 직장생활을 통한 비즈니스 매너의 결과물을 비교분석하게 되었는데, 이 연구에서 대상이 된 세 사람은 업무 능력이 훌륭하지만 그중 남을 배려할 줄 알고 인간관계에 능한 사람, 이기적인 사람, 능력은 조금 부족하지만 성실한 사람 등 3인의 유형을 택하여 연구를 했는데, 이들 3인 중 가장 성공적인 직장인은 비즈니스 매너를 잘 활용하여 대인적 상황에 현명하게 대처하고 대인관계를 통한 인맥 형성에 노력했던 유형이었다. 반면, 자신의 능력을 과대평가하고 사람 간의 관계를 무시하며 상사와의 관계에서도 대립하고 공격적인 성향을 보인 사람은 실패한 직장인으로 평가되었다. 현대의 비즈니스 매너라 함은 단순히 인사를 잘하고 이미지관리를 잘하는 수동적인 차원이 아닌 상대방에 대한 배려를 통하여 조직이 원활하게 소통할 수 있도록 책임을 갖고 성실하게 다른 조직원들을 배려하고 다양한 경험과 지식을 갖고 관계를 교류하고자 최선을 다하는 것이 제일 중요하다고 할 수 있다.

우리가 삶을 살아가는 일상 예절로 매너와 에티켓이 필요하듯이, 성공적인 직장생활을 위해서 직장에서 필요한 비즈니스 예절이 필요하다. 비즈니스 매너는 고객이나 거래처 등 외부인을 대상으로 하며 긍정적 관계 형성, 이미지향상의 효과를 기대한다.

비즈니스상에서 상황과 격식에 따른 태도와 행동을 비즈니스 매너라고 한다. 상대방에게 피해를 주지 않고 상대를 존중하고 배려하는 자세, 즉 상호 간의 지켜야 할 매너를 통해 신뢰감이 형성된다. 이러한 매너로 사회적 관계나 직장생활을 하며 지켜야 하는 형식이나 에티켓 등을 말하며 비즈니스 매너는 회사에 입사를 하는 순간부터 상사, 동료와의 관계, 후배 혹은 고객 간의 관계로까지 관찰되고 평가되기 때문에 올바른 매너를 갖추도록 해야 한다. 일반적으로 인간으로서 사회성을 위한 매너는 강제성이 없고 개인평가에 따른 선택의 문제지만 직장 매너는 직장인으로서 자기관리와 공동목표를 위한 비즈니스를 성과적으로 이끌기 위한 필수 조건이 되며 행동 매너를 보고 우리는 그 사람의 됨됨이와 가치를 평가하는 기준이 되기도 한다. 즉, 비즈니스 매너란 우리 삶의 목표와 성취에 있어 뗄 수 없는 사회적 관계를 가지고 있는 것으로, 타인에게 신뢰감을 줄 수 있는 일종의 '약속'이라고도 볼 수 있다. 그러므로 매너가 그 사람의 됨됨이와 가치를 평가하는 기준이 되므로 일관성 있는 친절한 태도와 상대를 배려하는 서비스는 비즈니스에 필수적인 요소가 된다.

매너는 단순한 인간관계를 위해서만이 아닌 비즈니스와 인생의 성공을 위해서도 필수 요소이며 상대방을 존경하고 있음을 알리기 위한 동작이나 태도로, 상대방을 공경하고 배려하는 마음에서 비롯된다.

비즈니스 맨들의 품위 있는 언행과 매너는 비즈니스에서 기본적인 요소로 필수불가결한 자질 중 하나가 된다. 우리가 삶을 살아가며 사회생활을 위해 늘 인간관계에서조차 많은 비즈니스 성공 여부를 결정하듯이 좋은 관계를 형성하여 호감을 얻고 배려하고 친절하고 깍듯한 행동이 신뢰를 형성하며 개인, 조직, 나아가 회사의 긍정적인 이미지로 연결되게 된다. 인간은 사회적 동물이기에 사회생활을 영위하는 공간, 즉 직장은 살아가는 데 아주 중요한 부분이다. 그러므로 살아가며 직장에서 많은 시간을 보내는 직장인들은 상사를 성실하게 보좌하고 신뢰하는 태도를 가져야 한다. 즉, 비즈니스 매너는 직업현장에서 삶의 질을 향상시키며 개인이미지를 비롯하여 기업 전체의 이미지를 결정하므로 품격 있는 비즈니스 매너를 잘 활용하여 나만의 경쟁력을 높이도록 한다.

1) 직장에서 일과(출근, 근무시간, 퇴근시간)

현대인들의 하루 일과는 출근에서 시작하여 퇴근하기까지 하루를 거의 일터에서 보낸다고 해도 과언이 아니다. 많은 업무를 통해 근무태도를 보이게 되므로 성실한 마음의 자세로 직장생활에 임해야 한다. 출근해서는 모든 직원들과 눈이 마주치면 "안녕하십니까?"로 큰소리로 인사하여 활기찬 아침인사로 좋은 이미지를 주도록 한다.

출근시간은 정한 시간 10분 전에 도착해서 하루 업무 스케줄을 점검하도록 한다. 근무시간 중에는 사적인 일은 자제하고 부득이하게 자리를 비워야 한다면 반드시 상사나 동료들에게 알려 주어야 한다. 근무 중 혹시라도 사정이 생기거나 몸이 아파서 결근 시에는 본인이 직접 출근시간 이전에 연락하는 것이 직장인의 기본 예의이며 사정이 생겨 결근해야 할 상황이 생기면 상사에게 전화로 사과와 함께 상황 이유를 설명하여 결근 시 자신이 해야 하는 업무를 상사에게 보고하고 동료들의 협조를 얻어 신속하게 조치를 취함으로써 일에 방해가 되지 않도록 한다.

마지막 퇴근시간으로는 일과가 끝나면 책상 등 자기자리는 깨끗하게 정리하며 안전장치 점검과 컴퓨터를 소등하고 사무용품, 서류 등은 지정된 장소에 위치하여 언제나, 누구든지 쉽게 찾을 수 있도록 마무리한다.

또 다음날 예정된 업무를 확인하고 계획하며 상사의 퇴근 후에 퇴근하는 것이 원칙이나 급한 일정이 있다면 "급한 일이 있어 먼저 퇴근 하겠습니다" 라는 인사를 하고 나가도록 한다.

상급자의 직장예절

- 솔선수범
- 꾸중은 비공개적으로
- 차별 금지
- 칭찬과 독려
- 성과 공유

하급자의 직장예절

- 예의를 갖춘 태도
- 장기 업무 시 중간보고 철저
- 호명 시 하던 일 멈추고 바로 대답, 필기도구 준비 후 상사 앞
- 업무에 대한 적극적인 태도

2) 지시 및 보고 스킬

직장에서 가장 어려움을 호소하는 부분이 상사와 부하직원의 업무협조를 위한 대화부분일 것이다. 서로의 입장이 다르기 때문에 더욱더 상사와의 대화를 어렵게 생각하게 되고 그중 업무 보고할 때와 지시를 할 때 생각보다 어려움이 많이 따르게 된다. 모든 기업 또는 부서의 업무는 서로 연관되어 상호보완적으로 수행되도록 설계되어 있기 때문에 상사는 통제·관리·조정, 평가해야 한다는 책임을 갖고, 부하 직원들을 개인 또는 팀별로 필요한 업무를 지시해야 한다. 그러므로 부하직원은 상사로부터 지시와 명령을 받았을 때 업무 요령을 터득하여 상사의 명령을 정확하게 이해하는 것도 중요하다. 또한 상사는 명확한 지시를 내려 업무수행에 오류가 적게 발생하도록 듣는 사람의 입장에서 지시를 해야 할 것이다.

조직생활에서 상사의 마음만 잘 헤아려도 훨씬 효율적으로 업무를 진행할 수 있듯이

지시예절 4단계를 잘 익힘으로써 지시예절을 지키도록 한다. 먼저 상사가 부를 때는 대답 후 상사의 직급을 호칭하며 메모 준비를 갖춰 상사에게 이동하도록 한다. 옆에 설 경우는 상사의 시선을 막지 않도록 옆으로 비켜서서 "부르셨습니까? ○○님"하고 상사의 지시를 기다리도록 한다.

상사의 지시를 일단 끝까지 들은 후 상사의 의견과 내 의견이 다르더라도 상사의 지시가 다 끝난 후 의문점이 있을 경우 질문하도록 한다. 또한 상사의 의견과 다른 사항을 제시하더라도 일단 상사의 의견을 존중하고 정중하게 의견협조를 구한 후 다시 묻도록 한다. 그 과정 속에 중요 사항은 메모를 하고 숫자, 수량, 날짜, 주소, 연락처, 외국어 및 고유명사를 혼동하지 않도록 메모하며 불분명한 사항은 확실하게 작성하도록 한다. 그리고 마지막으로 지시사항을 복장하고 의문점이 있다면 다시 질문하여 정확히 지시사항을 확인하고 상사의 확인을 받아 실수하지 않게 업무를 수행하도록 한다. 지시받은 일의 목적과 지시자의 생각, 회사의 내부 방침도 정확히 파악하도록 한다. 만약 상사의 지시가 너무 무리하다고 생각되면 다시 한번 일정 체크를 확인하여 의논하도록 한다. 이때 중요한 것이 불만스럽게 퉁명한 말투가 아닌 정중하게 ○○하면 어떻겠습니까?"라고 완곡어법을 사용 하도록 한다. 또한 상사로부터 받은 지시사항은 동료나 후배에게 미루는 것이 아니라 직접 처리하도록 한다.

| 상황에 따른 지시방법 |

① 여러 가지 지시를 한꺼번에 받을 때 : 두 가지 일을 한꺼번에 받았다면 먼저 처리해야 할 일을 상사와 상의한 후 확인을 받은 후에 추진하도록 한다.

② 상사에게 지시를 받았는데, 다른 팀의 상사가 지시를 받을 때 : 직위고하를 불문하고 나중에 지시한 상사에게 전후사정을 설명한 후 조정을 받도록 한다.

결재는 업무수행을 공식적으로 인정하는 수단으로 업무 추진의 근거가 되는 중요한 과정이다. 결재를 수월하게 할 수 있는 방법으로 우선 결재는 타이밍이 중요하므로 결재서류를 완벽하게 꾸미려다 결재 시기를 놓쳐 업무 추진을 그르치지 않도록 해야 한다.

결재는 또한 결재권자의 스타일에 맞게 방법과 형태를 결정하여 까다로운 상사나 강경한 결재권자의 경우 일단 결재권자의 의견에 순응했다가 차후에 감정이 누그러지기를 기다려 다시 시도하거나 다양한 대안을 마련하여 선택을 유도하는 방법이 있다.

| 메모를 할 때 유의사항 |

① 날짜, 시간, 숫자 등을 정확히 작성한다.
② 메모는 6하 원칙을 기준으로 작성한다.
③ 한자어가 다른 고유명사(회사명, 지명) 등에 주의한다.

다음 보고의 방법에는 2가지로 나눌 수 있다.

직장에서 같은 시간 근무를 하며 업무를 추진하지만 어떤 동료는 칭찬을 받고 노고를 인정받지만 반대로 그렇지 못한 경우가 허다하다. 이런 상황은 일하는 데 스킬이 부족해서 발생하는 경우가 많다. 조직생활에서 업무를 얼마나 잘하고 못하느냐는 일을 하는 과정의 보고 스킬에서 결정적 역할을 한다.

한 전자회사가 부서장급 50여 명에게 "좋은 보고가 어떤 것이냐?"고 물었다. 직장 임원들이 생각하는 좋은 보고는 '중간 중간 수시로 보고' 하는 것이며 그 외 업무보고를 하는 데는 결론부터 간단 명료하게 하는 보고로 조사되었다고 한다. 또한 진행시간을 오래 두어야 하는 업무에 있어서 중간 보고를 자주하는 것이 좋고 구두보고가 곤란할 때는 SMS를 이용하는 것도 좋은 방법이다. 좀 더 자세히 정리하면 구두에 의한 것과 문서에 의한 것으로 시급을 요하는 경우와 간결하게 끝내야 할 경우에는 구두로 보고하고, 내용이 복잡하거나 숫자나 지표가 필요할 경우에는 문서로 보고한다. 그러나 간단한 내용이라도 상사 입장에서 요점을 보기 좋게 깔끔한 차트를 만들어서 보고하면 그 보고를 받는 상사는 더 인정을 할 것이다. 구두로 간단보고해도 무방한 경우로는 긴급한 사항을 요구할 때, 업무 중 실수를 했을 때, 다른 타 부서에 연락, 보고를 해야 할 때 등이다. 직장생활에서 보고서는 자신의 얼굴이라고 생각하고 늘 좋은 보고서를 만들어서 보고한다면 당신의 능력은 200% 향상되게 인정받을 수 있다.

모든 업무는 보고가 끝남으로써 마무리되므로 지시받은 내용을 완료한 즉시 보고하도록 한다. 보고가 끝나면 상사의 지시사항이나 의견을 기록해서 보관하는 것이 좋다.

보고 내용과 자신의 의견은 확실히 구분되어야 한다. 상사로부터 지시받은 일이 다 끝나지 않았더라도 중간보고를 통해 진행 상황을 알리며 중간 점검이 필요하며 보고를 할 때는 결론을 먼저 말하고 과정은 나중에 설명하도록 한다. 일의 종료 시에도 그 결과를 반드시 보고해야 한다. 보고 순서는 결론, 이유, 경과 그리고 소견 순으로 사실에 입각한 객관적인 보고를 하여야 하며 보고는 지시한 사람에게 직접 해야 한다.

보고의 내용이 복잡할 때는 문서로 작성해서 함께 보고하여 오류를 줄이도록 한다.

마지막으로 보고할 때의 자세로는 문을 열고 들어가 문 앞에서 가볍게 목례하며 상사의 책상에서 조금 떨어진 측면에서 보고하도록 한다. 가까이 서야 할 상황이라면 먼저 양해를 구한 뒤 다가가서 보고하여도 된다. 전자결재를 하게 되는 경우 반드시 상사에게 송신 여부를 알려 업무에 차질이 발생하지 않도록 하는 것이 요령이다. 보고는 상사를 배려하고 존중하는 마음에서 출발하는 것임을 잊지 말기를 바란다.

3. T. P. O 매너의 연출 및 자기관리

직장생활을 하며 고객이 내방했을 때, 상사를 안내할 때, 어떻게 안내할 것인가? 기본 매너에 대해 알아보자.

1 방문 매너

내방고객 안내를 할 때는 주도적으로 안내해야 한다. 고객을 앞세우고 안내자가 뒤따라가는 경우가 있는데, 이것은 잘못된 안내 매너로 고객보다 두세 걸음 앞서 안내해야 한다.

안내할 고객의 수가 여러 명일 경우 맨 마지막으로 오는 고객이 뒤처지지 않도록 배려하고 방향을 지시할 때는 미리 20~30m 전에서 안내하며 방향 지시 때는 손가락으로 지시하거나 턱짓, 볼펜으로 지시하는 것은 삼가도록 한다. 방향을 지시할 때는 손끝을 모아 손바닥이 고객을 향하도록 안내하도록 한다. 손바닥이 보여야 하는 이유는 심리학 연구 결과, 모든 사람들은 자신에게 손바닥을 보여 주는 사람에게 호감을 느끼고 경계심이 없어지기 때문이라고 한다. 이때 먼 거리는 팔을 길게 뻗어 거리감을 길게, 가까운 거리는 팔을 접어 거리감을 표현하도록 한다.

방문객을 안내하는 방법을 다음과 같이 다시 정리하도록 한다.

① 방문객을 안내하게 될 때 고객 바로 앞에 서서 이동하기보다는, 대각선 방향(고객에게는 130도 각도)으로 2~3걸음 조금 앞에서 고객과의 보조를 맞춰가면서 이동한다. 진행하며 모퉁이를 돌게 되면 미리 방향을 손으로 가리키며 손을 모아 정중히 안내하도록 한다. 이때 주의할 점은 고객에게 등을 보이지 않도록 한다.

※ 안내가 아닌 수행의 경우에는 상대방 앞이 아닌 뒤에서 이동한다.

② 안내 시 눈, 입, 어깨, 손을 동시에 사용하여 안내하도록 하며, 손 모양은 손 전체를

이용하여 예의를 더한다.

③ 손가락은 가지런히 펴고 엄지손가락을 벌리지 않은 상태에서 손바닥을 위로 하여 방향을 안내하도록 한다.

④ 오른쪽을 안내할 시 오른손을, 왼쪽을 안내 할 시 왼손을 이용하며, 이때 팔의 각도를 달리하여 원근거리를 나타내며 안내하도록 한다.

⑤ 고객이 길을 물을 때에는 고객 질문에 복창하면서 시선은 3점법을 이용하여 안내한다.

* 상대방의 눈 • 가리키는 방향 • 상대방의 눈

⑥ 고객의 질문에 복창하면서 안내하도록 한다.

예) 화장실 말씀이십니까? 화장실은 바로 왼쪽코너에 있습니다.

2 문 여닫이 매너

① 회전문일 경우

- 수동문 : 고객에게 양해를 구하고 먼저 들어가 문을 밀어 드린다.
- 자동문 : 고객이 먼저 들어가도록 하고 안내자가 뒤따른다.

② 여닫이 문일 경우

문을 당겨서 열 경우에는 문을 열고 손잡이를 잡은 후, 고객이 먼저 안으로 들어가도록 안내하고, 문을 밀어서 열 경우에는 안내자가 먼저 문을 열고 들어가서 방문객이 안으로 들어오도록 한다.

③ 미닫이 문일 경우

들어가고 나올 때 모두 안내자가 문을 열고, 고객이 먼저 들어가고 먼저 나올 수 있도록 한다.

3 엘리베이터 매너

엘리베이터를 이용하게 되면 먼저 안전하게 탑승하도록 밖에서 버튼을 눌러 이동하는 동안에 행선 층을 안내하도록 한다. 반대로 내릴 때는 고객이 먼저 내리도록 안에서 열림 버튼을 누르고 다음 방향을 미리 안내하도록 한다. 출입문도 마찬가지로 물 흐르듯 지나갈 수 있도록 배려하고 당기는 문일 경우에는 내가 먼저 당겨 열고 미는 문의 경우는 내가 밀어 열고 들어가서 고객이 들어오는 것을 확인 후 문을 놓도록 한다.

4 경조사 매너

우리나라는 유교의 영향을 받아 조문 예절이 격식을 갖추고 빈소를 마련하여 조문객을 맞으며 장례절차를 가까운 사람들과 함께 돕는 관습이 있다. 경조사는 사람들이 많으면 많을수록 힘듦이 줄어들고 기쁨이 배가 된다고 말한다. 상실감이 커서 심적으로 힘든 시기인 만큼 서로 돕고 함께 함으로써 관계 형성에 깊음이 더 할 수 있도록 한다.

1. 조문 절차

상을 당한 직후에는 경황이 없고 슬픔에 마음을 가눌 수 없을 수 있기에 조문객을 맞을 준비가 되어 있지 않을 수 있기에 시간 여유를 두고 문상하는 것이 예의이다. 또한 장례 진행하는 절차에 피해를 주지 않도록 지나치게 잦은 통화를 시도하거나 말을 시키지 않도록 하며 상주에게 예를 갖추고 가볍게 위로 후 자리를 피해주도록 한다. 이때 고인의 사망 사유, 원인, 경위 등을 깊게 묻는 것 등은 삼가야 한다.

| 조문 옷차림 |

조문 갈 때의 옷차림은 지나치게 화려한 컬러의 색은 피하고 무채색으로 입으며 메이크업은 가볍게 지우고 수수한 느낌과 반짝이는 금속류도 자제한다. 맨발로 들어가지 않도록 하고 양말, 구두, 넥타이는 검은색으로 한다. 상가에 도착하면 입구에서 오버나 코트는 밖에서 벗어서 들고 들어가도록 한다.

| 분향요령 |

빈소 도착 후 상제에게 목례 후 영정 앞에 무릎 꿇고 앉아 분향을 하고 향에 불을 붙인 후 입으로 불어 끄지 말고 반드시 손으로 끈 후 향로에 꽂은 다음 일어서서 영정을 향하여 두 번 절한다.

| 조문 인사방법 |

(1) 남자의 앉은 절

- 오른손이 왼손 위로 가도록 손을 맞잡는다(경사 시는 그 반대이다).
- 맞잡은 손을 가슴 높이로 올렸다가 땅을 짚고 꿇어 앉는다.
- 이마를 손등에 대고 몸을 깊이 숙여 절한 후 오른쪽 무릎을 세우면서 일어난다.
- 다시 맞잡은 손을 가슴 높이까지 올렸다 내리고 약간 물러나면서 목례를 한 후 영전에 앉지 않고 두 발 뒤로 물러난다.
- 상주와는 절을 마치고 서로 무릎을 꿇은 상태에서 인사말을 나눈다.

(2) 여자의 앉은 절

- 왼손이 오른손 위로 가도록 손을 맞잡는다(경사 시는 그 반대이다).
- 잡은 손을 눈높이로 올린 후 무릎을 꿇고 앉는다.
- 몸을 깊이 숙여 절한다.
- 영전에서 물러난다.

| 조위금 전달 |

조위금을 전달할 때는 조위금 봉투에 초상의 경우 '부의(賻儀)'라고 쓰는 것이 일반적이며 '근조(謹弔)', '조의(弔儀)', '전의(奠儀)' 라고 쓰기도 한다. 부조를 하면서 봉투에 이름을 쓰고 그 뒷면에 아무것도 쓰지 않아도 무방하지만 '근정(謹呈)', '근상(謹上)'이라고 쓰기도 한다.

2) 문병 매너

사람이 살아가며 늘 건강할 수만은 없기에 가까운 사람들의 건강 이상설은 늘 우리 마음을 무겁게 한다. 연락을 받고 병문안을 갈 때 먼저 확인할 것은 병원마다 문병시간이 다르기 때문에 면회시간을 확인한 후 가거나 오전 10시경이나 오후 3시~4시 정도가 가장 무난하다. 꼭 피해야 할 시간은 의사 회진시간과 식사시간은 피하도록 한다.

병문안 시 화분이나 향이 지나치게 강한 꽃은 피하고 환자의 심신의 안정을 위해 짧게 끝내도록 한다. 문병 시 인사말로는 "병환이 어떻습니까? 차도가 있다니 다행입니다.", "친환 또는 내환이 계시다니 얼마나 걱정되십니까?", "사고를 당하였다기에 놀랬습니다, 이만하기가 다행입니다." 등이 있다.

3) 선물 매너

선물은 선물 자체보다는 선물을 하는 사람의 동기, 마음의 정이 더 중요하며 주는 사람이나 받는 사람이나 서로 관계성에 진심을 다해야 한다. 선물을 주며 더 큰 답례를 기다리거나 받은 선물에 대해 비판적인 평가를 해서는 안 된다.

선물을 받았다면 바로 감사의 말을 전하며 비즈니스와 관련하여 받았다면 상사에게 보고 후 전화를 통해 감사의 마음을 전하도록 한다.

선물을 할 때 유의점으로는 선물의 수는 경사에는 홀수, 조사에는 짝수로 하며 선물할 때 거울, 가위, 칼 등은 되도록 하지 않는다. 또한 지나치게 부담될 수 있는 고가의 선물도 역효과가 나므로 받는 이가 편안하게 받을 수 있는 마음을 담는 정도면 좋겠다.

5 출근 매너

- 출근시간 10분 전에 도착해야 하며, 늦는 경우에는 전화로 반드시 상황을 알려야 한다.
- 업무시작 시간 전에 그날의 해야 할 일을 정리하면 시간을 효율적으로 사용할 수 있다.

6 호칭 매너

우리나라는 연장자에 대한 예절과 예우가 깍듯한 사회이다. 나이와 직급이 일치하지 않을 때 서로 곤란해지는 경우가 많은데, 호칭예절을 제대로 알고 행동한다면 서로 마음 불편한 상황은 생기지 않을 것이다.

- 상사를 부를 때는 "성+직함+님"자를 함께 부르도록 한다. 단, 문서에는 상관에 대한 존칭을 생략한다. 직급이 없을 경우에는 "성명(이름)+씨"로 호칭한다. 부하 또는 동료직원을 호칭할 때는 "성+직함"으로 부를 수 있다.
- 하급직원이라도 초면인 경우나 나보다 연장자, 또는 연차가 높은 경우에는 "님"을 붙이는 등 예우를 다해야 한다.
- 연하라도 상사일 경우 공식석상에서는 '저'라고 한다.
- 다른 회사에 대해 자신이 속한 회사를 지칭할 때는 '저희 회사'라고 한다.

7 내방고객 응대매너

- 방문 시 이름을 알린 후 영향을 건넨다.
- 나를 찾아온 고객이 있다면 아무리 바쁘고 급한 일이 있다 해도 자리에서 일어나 반갑게 인사하고 초면인 경우에는 명함을 건네며 자기소개를 한다. 만약 통화 중이었다면 눈이라도 맞추며 정중하게 목례를 해 상대에게 신호를 보내도록 한다.
- 자리부터 권하고 음료를 제공해야 한다. 대기실이 있다면 대기실로, 정해진 대기실이 없다면 조용한 장소로 안내한 후 자리를 권하고 상대의 음료 취향을 물은 후 계절에 맞는 것으로 준비하도록 한다.
- 내방 고객이 대기해야 하는 상황이라면 "잠시만 기다려 주시겠습니까?"라고 예를 표한 후 짧은 시간 후에 돌아오도록 한다. 부득이하게 용무가 길어진다면 중간에 다시

한번 소요시간을 말씀드려 기다리는 고객이 느끼는 대기시간을 줄여주도록 하는 것이 좋다.

- 상석은 권하지 않는 한 먼저 앉지 않도록 한다.

8 전화 매너

- 전화 연결 시에는 끊어질 경우를 대비하여 연결할 번호를 미리 알린다.
- 전화를 건 사람을 기다리게 할 때에는 보류 버튼을 사용해야 한다.
- 직장 내에서 사적인 전화는 사무실 밖에서 하고, 사적인 전화가 걸려온 경우에는 짧고 간단하게 통화를 끝내야 한다.
- 다 듣지 않고 상대 이야기를 다 알고 이해했다는 식으로 '네…네…'를 연발하지 않도록 주의한다.

9 소개 매너

- 서열이란 형식적으로 보이지만 서열을 통해 사람관계 간의 질서를 정리하므로 가장 정중하게 상대를 배려할 수 있는 기준이자 방법이 된다. 이런 서열이 가장 명확하게 드러나는 부분이 바로 소개와 명함 교환, 악수 매너이다.
- 소개를 할 때는 먼저 서열이 낮은 자를 서열이 높은 자에게 먼저 소개하고 한 사람을 여러 사람에게 소개하는 경우에는 한 사람을 여러 사람에게 소개한 뒤 여러 사람을 한 사람에게 소개하도록 한다.
- 남성과 여성 사이는 일반적 서열이 여성이 위이나 비즈니스에서는 직급을 우선으로 하고 나이, 성별 순이다.
- 동성끼리 소갯말을 주고받을 때도 함께 일어서야 하며 남성이 여성을 소개받을 때 역시 반드시 일어서는 것이 매너이다. 성직자, 연장자, 지위가 매우 높은 사람을 소개받을 때 남녀 관계없이 반드시 일어서는 것이 원칙이지만 이때 환자나 고령자는 예외가 된다.
- 분명한 것은 서열 자체도 중요하지만 상대방을 배려하기 위한 것이라는 것을 기억하기 바란다.

⑩ 내방고객 응대매너

- 직장 내의 공동 물품은 내 것처럼 소중히 여기고, 동료에게 물건을 빌려 쓸 때에는 고마움을 표하고, 제자리에 놓아두어야 한다.
- 타인의 PC를 사용하고 난 후에는 자료나 설치한 프로그램을 정리하고 정돈해야 한다.
- 서로에게 물건을 빌렸다면 반드시 돌려주도록 한다.

⑪ 내방고객 응대매너

타 부서, 동료에게 자료 협조 요청을 할 때에는 정중하게 요청을 하고, 고마움을 표해야 한다.

⑫ 내방고객 응대매너

- 외출 시에는 사전에 양해를 구하고 예정 시간을 알려야 하며, 돌아온 후에는 보고를 해야 한다.
- 외근 시에는 중간 업무보고를 하여 업무의 상황을 알려야 한다.

⑬ 인수인계

휴가, 월차 시에도 반드시 직장 동료들에게 업무 인수인계를 정확하게 해야 담당자 부재 시에도 업무에 차질이 생기지 않는다.

⑭ 회식 매너

식사 중 테이블에 팔꿈치를 올리는 경우가 있는데, 이 또한 실례가 된다. 또한 식사 하는 중 메이크업을 고치는 사람을 종종 보게 된다. 화장품 냄새가 짙을 경우 불쾌감과 식감을 떨어뜨릴 수 있으므로 정해진 장소에서 수정하도록 한다.

⑮ 술자리 매너

- 절제된 음주문화로 자기 주량이 넘치지 않도록 하고 순간 흥분되어 지나치게 취하게 마시지 않도록 하며 상대에게 술을 강요하거나 취했다고 함부로 행동하지 않도록 늘 매너를 지켜야 한다.
- 익숙한 잔 돌리기, 폭탄주 제조, 술 권하기는 비위생적이고 타인을 배려하지 못하는 행동이므로 주의하도록 한다(상대의 의사를 확인하고 술을 권한다).
- 건배는 연회가 무르익으면 연장자가 제의하고 제의받은 사람이 짧은 메시지와 함께 건배사를 한다(지나치게 건배사를 재촉하거나 빈번하지 않도록 한다).

⑯ 결혼식 매너

- 결혼식에 참석할 때는 정장을 갖춘다.
- 신부를 생각해서 흰색 계통의 옷은 피하도록 한다.
- 결혼식에 참석해서는 신랑, 신부에 대해 험담하지 않는다.
- 축의금을 넣는 봉투는 봉하지 않도록 한다.

⑰ 병문안 매너

- 상대방의 증세나 호전상태에 대해 미리 알아두고 방문하는 것이 좋다.
- 병문안을 갈 때 한꺼번에 많은 사람이 몰려가는 것은 실례다.
- 너무 늦은 시간 병문안을 하는 것은 피하도록 한다.
- 너무 걱정하는 표정도 안 좋지만 너무 아무 일 없다는 듯 밝은 표정으로 대하지 않도록 주의한다.
- 병이나 상처 때문에 달라진 모습에 대해서는 언급하지 않도록 한다 .
- 병문안을 가면서 지나치게 캐주얼 차림도 유의하도록 한다.

18 골프 매너

- 골프는 사전에 예약을 필수로 한다.
- 예약 후 장소, 위치, 시간을 전달해 주어야 한다.
- 사전에 통보받은 티업 시간을 준수하고 20분 전 도착해서 마음의 여유를 갖는다.
- 로스트 볼, 티, 마커 등 개인 소품 미리 챙겨두어 작은 소품으로 인해 진행하는 데 시간을 끌지 않아야 한다.

19 퇴근 매너

퇴근 시에는 업무 정리, 주변 정돈을 하고 반드시 인사를 드린 후 퇴근한다.

20 출장 매너

- 여행 전 여권 유효기간이 6개월 이상 남아 있는지를 확인한다.
- 여행 중 여권 분실을 대비해 여권 복사본과 여권용 사진을 사전에 준비해서 휴대하도록 한다.
- 현지에서의 교통비와 팁 정도의 현금만 준비하고, 나머지는 여행자 수표나 신용카드를 활용한다.
- 방문할 나라의 풍토를 사전에 충분히 알아본 후 예방접종이나 백신을 맞아야 할 경우에는 한국에서 맞고 출발하도록 한다. 또한 간단한 상비약을 준비한다.

21 관람 매너

- 극장이나 오페라, 뮤지컬 공연 때 남성이 여성을 안내하고 여성을 먼저 좌석에 앉히도록 한다. 음악회나 오페라 관람 시 연주자나 관람객에게 방해되지 않도록 공연 15분 전에는 도착해야 하며 만약 불가피하게 늦는다면 한 막이 끝날 때까지 기다렸다가 막간에 입장하도록 한다.
- 관람 중 다른 사람에게 방해되는 핸드폰으로 사진 촬영, 관람 중 대화 등은 피하도록 한다.

22 기내 매너

- 승무원에게 탑승권을 보여 주고 안내에 따라 지정된 좌석에 앉는다.
- 승무원을 부를 때는 호출버튼을 누르거나 통로를 지날 때 가벼운 손짓으로 부른다.
- 편안한 기내 생활을 위해 슬리퍼를 준비해 신발을 벗고 갈아신는다. 단, 양말은 벗지 않도록 한다.
- 좌석 등받이를 뒤로 눕힐 경우, 뒷사람에게 피해가 되는지 확인을 하도록 한다.
- 식사나 음료를 받을 때는 감사의 인사를 한다.
- 기내 화장실 사용 시 노크를 하는 것은 실례가 되므로 화장실 밖의 표시를 확인한 후 이용해야 한다.
- 화장실에 있는 동안 안전벨트 착용 사인이 켜지면 빨리 나와 제자리로 돌아와야 한다.
- 비행기 착륙 후 완전히 멈춰 설 때까지 움직이지 않고 기다린다.
- 서비스를 제공한 승무원에게 가볍게 인사한다.

23 국제적인 행사에 대한 매너

- 회의실에서는 금연을 원칙으로 한다(회의실에서 담배를 피우면서 회의하는 것은 국제적으로 용인되기 어렵다).
- 회의 중간 한국인끼리 한국어로 속삭이거나 귓속말을 하여 괜한 오해를 낳지 않도록 한다.
- 커피브레이크 타임(Coffee Break Time)은 회의 중간의 기분 전환을 위하여 휴식시간에 마실 수 있도록 기본적으로 커피, 홍차, 주스 등 간단한 다과 등을 비치하도록 한다.
- 회의 도중 자리를 뜨거나 자꾸 중간 이동을 하여 주위를 산만하게 하지 않으며 사진을 찍거나 영상을 찍어야 할 때는 반드시 사전에 양해를 구하도록 한다.
- 파티의 착석자리에서 접시를 들고 식사를 하지 않도록 하며 식사 중간 배가 부르다고 테이블 앞에서 혁대를 마구 푸는 행위, 물을 마시며 가그린을 하는 행위, 손수건을 꺼내 코를 풀지 않도록 한다.

제8장 인사 매너

❶ 인사의 중요성
❷ 올바른 인사법
❸ 악수 및 명함 인사법

[학습목표]

1. 인사의 중요성을 설명할 수 있다.
2. 인사의 기본 자세를 제대로 알고 우호적인 관계를 형성할 수 있다.
3. 악수 및 명함 인사법을 통해 자신의 호감적인 이미지를 창출할 수 있다.

제8장
인사 매너

1. 인사의 중요성

인사(人事)는 사회생활을 영위해 나가는 데 있어 좋든 싫든 무관하게 마주 대하거나 헤어질 때 하는 기본 절차로 예절 가운데 기본이 되는 표현으로 상대방에게 인정과 존경을 나타내며 반가움을 나타내는 마음가짐의 외적 표현이 된다. 또한 인사는 사람 인(人), 일 사(事)를 쓰며 사람이 하는 일, 즉 사람이 하는 도리를 말하는 것으로 사람을 보고도 인사를 하지 않는 것은 사람의 도리를 하지 않는 것과 같다. 한 설문조사 결과에 따르면 인상 깊은 직장인은 일을 잘하는 사람, 능력 있는 사람, 열정이 있고 자신감이 있는 사람이 아닌 '인사를 잘하는 사람'이라는 결과가 나왔다. 특히, 직장 내에서는 다양한 사람들 간의 만남으로 구성되어 일을 함께 하므로 직장예절의 시작과 끝은 '인사'라고 할 수 있을 것이다. 상호 유연하고 부드러운 관계를 위해서라도 제대로 인사를 하는 것은 자신의 인격과 교양을 표현하는 지극히 기본적인 예의로 대인관계에 있어 매우 중요한 몫을 차지한다.

인사와 소개, 명함을 교환하며 인간관계와 비즈니스의 시작점을 알리며 상대방과 관계를 형성하게 하고 서로에 대한 첫인상을 평가하는 시간이기도 한다. 그래서 인사는 관계의 시작이고 끝이 되며 사람과의 관계에 있어 상대를 존중하는 마음을 표현하고 그로 인해 호감을 얻기도 하며 원만한 대인관계를 형성하는 데 의의를 갖는다.

이렇듯 인사의 중요성을 모두가 알면서도 사람들이 인사를 잘하지 못하는 것은 인사하고 싶은 마음은 굴뚝같은데 생각에서 그치고 행동이 바로 따르지 못하기 때문이라고 말한다. 통계자료에 의하면 인사를 잘하지 못하는 이유로 '순간 적절한 시기를 놓쳐서' 44.1%로 1위를 차지하였고 그 다음이 '기분이 내키지 않아서' 또는 '친분이 없어서' 등이 차지하고 있다.

옛날 원시시대에는 인사에 대한 의미로 상대를 해치지 않겠다는 신호, 즉, 원수가 아니라는 신호로 손을 위로 들거나 앞으로 내밀거나 허리를 굽혀서 인사를 했다.

이런 것이 진화해서 오늘날 거수 경례나 악수 그리고 허리 굽혀 경례하는 형태로 변화하게 된 것이다. 따라서 인사는 환영의 표시이며 신용의 상징, 친근감의 표현으로 상대에 대한 마음의 표현이며 더불어 자신의 인격과 교양의 표현이 된다.

이런 의미에서 인사를 '사람만이 하는 일이다' 라고 말하며 동서고금을 망라하고 인품을 말할 때 예의범절의 기본이다 라고 말하는 것이다. 예의범절은 사람의 언행으로 나타내는 것인 데 그중에서도 첫 번째로 인사가 기본이 되고 있다. 인사를 잘하는 것은 도리와 절차에 맞춰 사물을 처리하는 것으로 인사를 하지 않고 어떤 일을 하고자 한다면 도리를 지키지 않는 행동으로 인간관계를 그르칠 수 있다.

정리하자면 인사는 인간사회 윤리 형성의 기본이며, 자신의 인격이 된다. 윗사람에게는 존경심의 표현이고 동료 간에는 우애의 상징이 되며 그리고 고객에 대해서는 서비스를 바탕으로 한 상인정신의 표현이라고 할 수 있다.

더불어 자신의 인격과 교양을 밖으로 드러내는 하나의 수단인 것이다. 따라서 인사할 때는 최대한 좋은 인상과 부드러운 느낌을 줄 수 있도록 때와 장소와 상대에게 알맞은 인사말로 예의 바르게 해야 한다. 또한 항상 먼저 인사하는 습관을 갖고 인사를 받았으면 어떠한 경우라도 반드시 답례를 해야 한다.

기분 좋게 하는 무지개 인사법 활용하기

- 좋은 아침입니다.
- 기분 좋은 하루입니다.
- 내일 뵙겠습니다.
- 애쓰셨습니다.
- 날씨가 참 좋습니다.
- 옷차림을 뵈니 ○○이 온 듯합니다.
- 살펴 가십시오.
- 오늘 너무 반가웠습니다.

얼마 전 언론에 보도된 사건 하나를 들여다 보자. 모 은행에 강도가 들었다. 강도는 경찰대치 후 체포되었고 수사관은 왜 그 은행을 털었는지 범행 동기는 무엇인지 등에 대해서 물었다. 그 질문에 강도의 대답은 매우 흥미로웠다. 원래 처음 범행하기로 마음먹은 은행은 길 건너 다른 은행이었는데, ○○은행 직원들은 은행에 들어가는 순간부터 직원들이 일제히 자신을 쳐다보면서 "안녕하세요?"라고 인사를 하더라는 것이다. 은행을 나가려고 할 때도 직원들이 자신을 언제 보고 있었는지 '안녕히 가세요, 또 뵙겠습니다'라고 인사를 해서 자신을 반기자 그곳을 범행장소로 삼았던 것을 포기하고 자신의 얼굴이 알려지면 잡히게 된다는 생각이 들어 다른 금융기관을 선택하게 되었다고 전했다. 이처럼 인사를 잘하면 직장생활에서도 안전까지 보장된다는 새로운 교훈을 얻게 했던 사건이다.

2. 올바른 인사법

직장에서의 인사는 사람이 갖추어야 할 인간관계의 시작으로 상대방과 자신의 기분을 동시에 좋게 만들어 주며, 시대와 사회를 막론하고 인사 잘하는 사람에게 특별한 호감이 가게 마련이다.

그리고 가정에서는 화목의 근간이 되고 직장생활에 있어서는 화합과 결속력이 생기듯이 상사에게 많은 지도와 편달을 부탁하는 표현이기도 하며 또한 감사의 표현이 되기도 한다. 마찬가지로 부하에게는 기대에 부응할 수 있도록 끊임없이 관심과 지도를 하고 있다는 등의 관심의 의미가 포함되어 있기도 하다.

또 고객에 대한 인사 의미로는 모든 서비스의 성공을 결정하는 첫 번째 요소로 고객맞이 기본이 되는 것으로 서비스의 질을 평가받는 척도이며 마음가짐의 외적 표현이라고 할 수 있다. 그리고 인사는 고객이 느끼는 첫 번째 감동이 된다.

올바른 인사의 효과로는 개인이미지뿐만 아니라 비즈니스로 만나는 모든 사람들에게 회사 전체 이미지로 평가받을 수 있다. 또 상대방의 인격을 존중하고 배려하며 경의를 표시하는 수단이 될 수 있으며 자신에게는 호감과 신뢰성을 형성해 스스로의 이미지를 높일 수 있다.

다음에서는 인사를 하는 중요 포인트와 올바른 인사 자세에 대해 자세히 살펴보도록 하자.

| 인사를 하는 3가지 중요 포인트 |

- 힘차고 똑똑하며 정확하게 인사한다.
- 밝은 표정과 목소리로 인사한다.
- 인사를 할 때는 상대를 바라보고 가볍게 미소 지으며 상냥하게 인사한다.

| 인사의 5단계 |

- 바른 자세로 허리를 곧게 세우고 발 뒤꿈치는 붙인 후 양손은 공수자세를 유지한다.
- 하나, 둘 , 셋을 속으로 세며 상체를 숙인다(이때 무릎은 굽히지 않도록 함).
- 넷, 다섯에 잠시 그 자세를 유지한다(마지막에 허리를 펴는 시간은 3초 정도가 적당함).
- 여섯, 일곱, 여덟에 상체를 세우며 얼굴에는 미소를 띄우도록 한다.
- 바른 자세로 선다.

| 올바른 인사자세 |

- 인사하는 시점에서 상대방과의 거리는 약 2m 내외가 적당하다
- 미소를 지으며 상체를 굽힌다(시선이동은 상대-바닥-상대의 3단계로 진행).
- 머리와 등, 허리선이 일직선이 되도록 숙인 상태에서 3초 정도 멈춘다.
- 자연스럽게 상체를 천천히 올린다.
- 상체를 들어 올린 다음 똑바로 선 후 상대에게 시선을 고정하고 미소를 짓는다.

1 인사의 종류

1) 15도 인사 목례

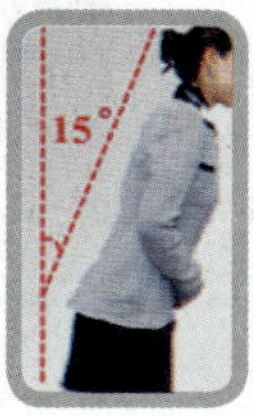

- 상대 : 자주 마주친 상대, 동료, 상사
- 장소 : 엘리베이터, 계단, 협소한 장소 등
- 인사방법 : 5도 정도 가볍게 머리만 숙이도록 한다.
- 상황 : 통화 중이나 작업 중에 상사가 들어올 때, 자주 마주칠 때, 대기 요청할 때, 모르는 사람과 회사에서 시선이 마주칠 때, 주문이나 요구를 받을 때, 양손에 무거운 짐을 들고 있을 때 인사하는 방법이다.

2) 30도 보통 인사

- 상대 : 어른이나 상사, 고객
- 인사방법 : 먼저 상대방과 시선을 맞춘 다음 등과 목을 펴고 배를 끌어당기며 허리부터 숙이고 발뒤꿈치는 붙인 후 양손은 둥글게 말아 쥔 상태로 바지 옆 재봉선 부근에 자연스레 놓고 30도 정도 상체를 숙이면서 시선은 1m 앞쪽을 바라보며 약 1초간 정지한다.
- 상황 : 일상생활에서 기본적인 예의 표현하시거나 예를 갖춰야 할 장소 및 모임에서 많이 하는 인사이다. 상사에게 지시를 받거나 보고를 할 경우, 복도 등에서 상사를 만났을 때 하는 인사로 배웅할 때, 외출이나 귀가할 때, 감사인사, 만나거나 헤어질 때 하는 인사방법으로 가장 빈번하게 쓰이는 인사이다.

3) 45도 정중례(최경례)

- 상대 : 국민, 국가의 원수, 집안 어른
- 인사방법 : 45도 정도 상체를 숙이면서 시선은 1m 앞쪽을 바라본다.

- 상황 : 가장 공손한 인사로 감사나 사과 표현을 할 때, 공식석상에서 자신을 소개할 때, 깊은 사죄나 사과를 표할 때, 어려운 어른이나 연세가 높으신 분을 뵈었을 때, 처음 인사할 때 면접 시 인사할 때 한다.

4) T. P. O(Time, Place, Occasion)에 따른 인사법

- 복도에서 만났을 때 상대방과 시선을 맞춘다. 밝은 미소를 띠며 간단하게 인사말을 한다.
- 복도 끝이나 모퉁이에서 만났을 때 : 상대방이 놀라지 않도록 인사말을 먼저 건네며 한 걸음 물러서서 인사한다.
- 인사하고 다시 만났을 때 : 밝은 표정으로 가볍게 목례한다.
- 인사를 했는데, 상대방이 보지 않을 때라도 기본 예의는 지키며 먼저 인사를 한다.

다음은 구체적인 상황에 따른 인사법을 살펴보도록 한다.

■ 출퇴근 시

- 출근 시 가벼운 목례만 하기보다는 밝고 명랑한 목소리로 인사말을 함께 하는 것이 좋다.
- 퇴근 시 먼저 나갈 때에도 가벼운 인사 정도는 하는 예의를 지키자. 멀리 있을 때 먼저 가볍게 목례를 한다.
- 상사라면 재빨리 계단에서 내려와 상사와 계단 높이를 같게 하거나 한 칸 밑으로 내려와 인사한다.
- 인사는 반드시 정지한 상태에서 눈을 마주치고 해야 한다.

■ 앉아 있을 때

- 상사 : 눈높이를 맞추어 인사한다.
- 동료 : 가볍게 목례한다.

전화 통화 중이거나 일에 몰두하는 중에는 일부러 인사하지 않아도 무방하다. 급한 업무 중이라면 여유가 있는 상황일 때 인사하면 좋다.

■ 주의해야 할 인사

인사는 받는 것보다 먼저 하는 데 더욱 중요한 의의가 있다. 인사만으로 그 사람의 인상이 결정되는 경우가 많으므로 세밀한 주의를 기울여야 한다. 다음 주의해야 할 인사를 살펴보자. 인사를 할까 말까하는 망설임이 느껴지는 인사, 눈을 마주치지 않고 하는 인사, 귀찮아하며 건네는 성의 없는 인사, 말로만 하는 인사, 본인이 선별해서 하고 싶은 사람에게만 하는 인사, 고개만 까딱하는 인사, 무표정한 인사, 눈을 마주치지 않고 하는 인사, 받는 둥 마는 둥 하는 인사 등이다. 인사를 할 때 턱을 지나치게 위로 올리거나 내밀지 않고 자연스럽게 당긴다. 어깨는 가볍게 힘을 빼고 입술은 살짝 가볍게 붙인다. 양손은 부드럽게 감싸 안은 듯 잡아주고 남성은 두 손을 살짝 감싸 쥔 채 차렷 자세로 선다.

여성은 오른손을 왼쪽 손 위로 올려 감싸고 손을 앞으로 모으면 된다. 발모양은 무릎과 뒤꿈치는 서로 붙이고 양발은 가지런히 모은다.

5) 공수 자세

① 공손한 자세를 취할 때 두 손을 앞으로 모아 잡는다.

② 의식행사에 참석했을 때와 전통배례를 할 때, 공손한 자세를 취할 때 공수한다.

③ 공수자 세는 남자와 여자가 다르고 평상시와 흉상 시가 다르다.

④ 성별과 의식행사에 적합한 공수를 해야 한다.

⑤ 평상시에는 남자는 왼손이 오른손 위로 올라오게 포개고 여성은 오른손이 왼손 위로 올라 오게 포갠다. 왼쪽은 동쪽으로 양(陽)을 뜻하며 오른쪽은 서쪽으로 음(陰)을 뜻하기 때문에 여자는 오른손이 위이다.

⑥ 흉사 시에는 평상시와 반대로 공수하도록 한다. 남자는 오른손이 위로 포개고 여자는 왼손이 오른손을 위로 올라오도록 포개면 된다.

여성 : 평상시 공수 자세

여성 : 흉사시 공수 자세

3. 악수 및 명함 인사법

1 악수

비즈니스에서 빠질 수 없는 인사가 악수이다. 악수의 기본은 상대방과 눈을 먼저 마주치고 미소를 짓는 것이다. 손을 맞잡을 때는 너무 꽉 쥐는 것은 불쾌감을 줄 수 있으므로 손아귀 압력 조절을 부드럽게 하도록 한다. 반면, 너무 힘없이 악수를 하는 것도 데드 피시형 악수라고 한다. 죽은 물고기 같은 느낌으로 적당한 악력을 줄 수 있을 때 좋은 이미지를 줄 수 있다. 악수는 중세 유습으로 외국 사람들과 악수를 할 때는 서서 악수를 하면 되지만 한국적 정서에서는 직급이 높거나 연장자인 경우 버릇없는 것으로 비칠 염려가 있기에 5도 정도 허리를 깊이 숙인 후 악수를 하도록 한다. 악수는 앵글로색슨계 민족들 사이에서 자연스럽게 생겨난 인사방식으로 남자들이 호의적 관계를 맺고 공격하지 않겠다는 뜻과 혹시 내 오른손에 아무것도 없다는 뜻으로 오른손이 곧 무기를 쥐는 손이기 때문에 악수 형태를 보임으로써 우호적인 것을 보여 주는 것이다. 가장 오래된 기록에 따르면 악수는 통치자에게 권력이 이양되는 것으로 이집트어의 동사 '주다'에서 나타나며 이를 상형문자로 표현하면 손을 내미는 모양이 된다.

악수 기원에 따르면 옛날에는 사람을 보면 누가 먼저랄 것도 없이 몸에 지닌 칼에 손을 대며 서로를 경계하며 다가선다. 그러다 서로 싸울 의사가 없음을 나타낼 때 칼을 거두고 무기를 대신해서 오른손을 내밀어 악수를 했다. 따라서 지금도 악수는 특별한 장애가 없는 한 반드시 오른손으로 하는 것이 예의이며 원칙적으로 손윗사람이 손아랫사람에게 하는 것으로 되어 있다. 단지, 대통령, 왕족, 성직자 등은 예외가 된다.

악수를 구미에서는 누구나가 하는 것으로 생각하고 있지만 오히려 보통 때는 몸을 굽히거나 머리를 숙여 인사를 한다. 우리가 알고 있는 악수는 친밀한 사이거나 특수한 경우에 하는데 그것도 윗사람이거나 여성 쪽에서 먼저 손을 내미는 것을 원칙으로 하고 있다.

악수를 하는 구체적 방법으로는 서로 간 오른손을 내밀어 아주 잡고 인사말을 나누며 오른쪽 팔꿈치를 직각으로 굽혀 손을 자기 몸의 중앙이 되게 수평으로 올린다. 네 손가락은 가지런히 펴고 엄지는 크게 벌려서 상대의 손을 살며시 쥐었다가 놓는다.

그리고 상대방이 내민 손을 다섯 손가락으로 가만히 쥐고 한 호흡 동안 있는 것을 올바른 악수로 여긴다.

악수하며 자기도 모르는 사이 손을 잡은 상태에서 이야기를 길게 나누지 않도록 하며, 남성은 장갑을 착용했다면 벗고 손을 내밀어야 한다. 그러나 여성은 꼭 벗지 않고 악수해도 무방하다.

남성과 악수를 할 때는 손을 흔들어도 되며 여성과 악수를 할 때는 지나치게 손을 꽉 잡거나 너무 느슨하게 잡지 않도록 강약을 조절하며 세게 흔들지 않도록 한다. 또 악수를 하며 표정은 반가운 모습이 좋고 지나치게 허리를 구부리는 것도 예의에 어긋나니 주의해야 한다.

악수를 정하는 순서는 〈표 8-1〉과 같은 순으로 한다.

〈표 8-1〉 악수를 청하는 순서

먼저	나중
여성	남성
연장자	연소자
상급자	하급자
기혼자	미혼자
선배	후배

2 명함

명함은 명함 주인의 또 다른 얼굴을 나타내기에 명함을 주고받는 데도 지켜야 할 매너가 있다. 명함이 생겨난 유래에 대해서 약간의 차이는 있으나 대부분 동양은 중국에서 서양은 프랑스에서 유래되었다고 한다. 친구 집에 방문하였는데, 부재중이면 자신의 이름을 적어놓고 오는 관습에서 돌아온 친구가 그것을 보고 그 사람을 다시 찾아가 인사하는 것으로 명함이 통용되게 되었다.

서양에서는 루이 14세 때부터 시작하여 15세기 동판인쇄의 명함을 사교명함에서 사용했으며 명함은 늘 자신의 얼굴과 같은 역할이므로 주는 것도 받는 것도 잘 알고 있어야 한다.

1) 명함을 줄 때 매너

명함을 교환할 때는 반드시 일어나서 주어야 한다. 앉아 있다 하더라도 일어나서 어디에 누구입니다 라고 본인을 소개하고 아랫사람이 윗사람에게 먼저 내미는 것이 중요하다.

명함을 줄 때는 자기의 상호와 이름이 상대방 쪽에 바로 보이도록 가슴선에서 포물선을 그리듯이 부드럽고 정중하게 주고받도록 한다. 만약 받는 사람이 두 사람 이상이라면 연장자에게 먼저 주도록 한다. 명함을 받은 후에는 명함지갑을 이용해서 넣어 보관하도록 하고 받은 명함은 그 자리에서 보고 읽기 어려운 한자나 외래어가 있다면 그 자리에서 물어 보도록 한다. 업무가 끝날 때까지는 테이블에 차례로 펼쳐놓고 업무가 끝나면 명함을 정리해서 명함지갑에 단정하게 넣도록 하여 소중하게 다룬다는 느낌을 주도록 한다.

2) 명함을 받을 때 매너

명함을 받을 때도 지켜야 할 매너가 있는데 받을 때도 일어서서 두 손으로 공손하게 받도록 한다. 가끔 모임이나 비즈니스상에서 상대방을 기억하기 위해 명함을 받자마자 날짜를 적는다든지 인상착의를 작성하는 경우가 가끔 있는데, 이 또한 좋은 매너는 아니다. 테이블에 올려놓고 대화를 이어간 후 마지막 미팅이 끝난 후 명함 케이스를 이용하여 보관하도록 하며 명함을 주고받을 때 충분히 챙겨가서 받고 주지 못하는 실례를 범하지 않도록 미리 준비하도록 한다.

이때 주의할 점으로는 대화 중 테이블에 놓고 나오거나 식사 중에 명함을 만지작거리는 행위, 손으로 탁탁 치며 주위를 산만하게 하는 행위는 유의하도록 하고 명함을 챙기지 못했거나 소진했다면 깨끗한 종이를 이용해서 필기를 해서 양해를 구한 뒤 자신의 연락처를 남기도록 해야 한다.

다음 명함을 주고받는 매너를 정리해보자.

1. 명함을 주고받을 때 가볍게 목례하며 두 손으로 받아 예의를 표한다(명함은 두 손으로 주고받는 것이 기본 매너이지만, 왼손을 오른손 팔꿈치에 대어 주는 것도 무방).
2. 명함을 미리 준비해 두었다가 짧은 인사말과 함께 건넨다(명함을 받았다면 바로 그 자리에서 읽어보고 이름을 기억해주는 것이 좋다).
3. 오른손으로 내용이 보이는 방향으로 전달한다(그때 왼손은 오른손을 살짝 받치는 느낌으로 공손함을 표명한다).
4. 명함은 아랫사람이나 손님이 먼저 건넨다(받은 명함은 바로 명함지갑에 넣지 않고, 상대의 회사 및 소속과 이름을 확인한 후 상대의 이름과 직책을 호명할 일이 생기면 직책으로 호명을 하여 호감을 유발하도록 한다).
5. 명함을 전달하기 전에는 구겨지지 않도록 잘 보관한 명함을 건네야 하며, 받은 명함은 잘 보관한다.
6. 일어서서 두 손으로 받으며 그 자리에서 상대의 명함을 확인한다. 받은 명함은 허리 아래로 내려가지 않게 주의하되, 가슴 높이에서 받는다.
7. 회의 시 테이블을 사이에 두고 있다면 미팅하는 동안 테이블 위, 자신의 위치와 가까운 곳에 반듯하게 올려놓는다(상대의 직급과 이름을 가급적이면 자주 언급하여 어색함을 줄이고 친근감을 더하여 주도록 한다).
8. 마지막으로 자리를 마무리 하고 인사를 나누면서 받은 명함은 명함지갑에 집어넣도록 한다.

비즈니스 매너는 많이 알고 있는 것보다 행동하지 않으면 아무런 의미가 없다는 것을 명심하길 바란다.

memo

제9장

소통 매너

1. 소통 매너의 중요성
2. 커뮤니케이션의 유형 및 자가진단
3. MBTI 성격 유형별 의사소통방법

[학습목표]

1. 커뮤니케이션의 중요성을 이해하고, 타인과의 매너를 실천할 수 있다.
2. 자가진단을 통해 자신의 소통 유형을 이해하고, 타인과 교류하는 데 활용할 수 있다.
3. MBTI을 통한 성격 유형을 통해 자신의 성격 유형을 이해할 수 있다.

제9장

소통 매너

1. 소통 매너의 중요성

의사소통(communication)이라고 번역되는 커뮤니케이션의 어원은 '공통의(common)' 또는 '공유(share)'라는 뜻의 라틴어 '커뮤니스(communis)'에서 유래되었으며, 공동체 또는 지역사회라는 뜻을 가진 영어의 '커뮤니티(communit)'라는 단어와 그 뿌리를 같이 한다.

의사소통은 두 사람 이상의 사람들 사이에서 언어, 비언어 등의 소통 수단을 통하여 자신들이 가지고 있는 생각, 감정, 사실, 정보, 의견을 전달하고 피드백을 받으면서 상호작용하는 과정이다. 자신의 생각과 느낌을 효과적으로 표현하는 것과 타인의 생각과 느낌, 사고를 이해하려는 의사소통 노력은 사회생활에서 핵심적인 요소이다. 의사소통이 만사형통(萬事亨通)이라 할 만큼 소통이 중요한 것이다. 의사소통에 대한 정의를 토대로 의사소통이 가지고 있는 속성을 살펴보고, 이에 대해 자세히 알아보자.

- 두 사람 이상의 사이에서 발생한다.
- 언어적·비언어적 상징을 통하여 전달된다.
- 메시지(생각과 감정, 사실, 정보와 의견, 의미)를 교환하는 상호작용(전달과 피드백)의 과정이다.
- 상호 이해를 목적으로 한다.

먼저 의사소통의 결과나 효과성은 어느 한 사람에 의해서 결정되는 것이 아니라 참여한 모두에 의해서 결정된다. 이는 커뮤니케이션(cpmmunication)의 'co-'는 접도어로서 'with, together' 즉, '함께, 같이'의 의미를 가지는 것에서도 찾아볼 수 있다. 내가 그렇게 할 의도가 전혀 없었음에도 상대방이 다르게 느끼고 해석했다면 갈등과 오해를 가져올 수 있다.

두 번째로 메시지의 전달 수단(경로)이 매우 다양하고 복잡하다. 기본적인 전달매체는 말과 글로 표현하는 언어적 상징이다. 언어적 상징 외에 얼굴 표정, 눈 맞춤, 제스처, 자세와 같은 비언어적 상징과 어투, 음색, 억양과 같은 의사언어도 소통에서 중요한 역할을 한다. 또한 정보통신기술이 발달함에 따라 SNS, 전자메일과 같은 디지털 매체 등 메시지의 전달 경로가 더욱 다양화되고 복잡해지고 있다. 이로 인해 매체접근, 활용 능력의 차이로 인한 의사소통의 장애가 세대 차이를 중심으로 발생하고 있다.

세 번째로 메시지는 사실, 자료, 정보, 의견과 같은 객관성을 요구하는 메시지와 생각, 의미, 감정, 느낌과 같은 주관성이 내포된 메시지로 구분된다. 이 두 가지 메시지는 개별적으로 교환되는 것이 아니라 대부분 복합적으로 교환된다. 원활한 의사소통을 위해서는 논리와 감성, 머리와 가슴(마음)이 동시에 요구된다.

마지막으로 의사소통의 목적은 '상호 이해'이다. '이해한다'를 영어로 표현하면 'understand'이다. 이는 'under + stand'로 나누어 볼수 있는데, '거꾸로 선다'는 것은 '입장을 바꾸어 생각한다'는 의미로 해석할 수 있다. 즉, 서로를 이해하기 위해서는 상대방의 입장이 되어 한 번 더 생각해보는 지혜가 필요하다는 의미이다.

2. 커뮤니케이션의 유형 및 자가진단

의사소통의 일반적인 유형은 말하기이다. 그러나 읽기, 쓰기, 듣기의 기능별 유형으로 나뉠 수 있다.

1 기능별 유형

1) 말하기

어떤 현상과 사실에 대한 자신의 생각과 느낌, 의견을 간단명료하게 표현하는 말하기(speaking) 능력이 필요하다. 말하기 능력은 결론과 근거를 중심으로 전달하고자 하는 내용을 3분 이내에 발표하는 연습을 통해 개발할 수 있다.

2) 읽기

자신의 업무 분야뿐만 아니라 사회, 인문학적 관점의 다양한 독서를 통해 지식과 인식의 지평을 넓혀가는 읽기(reading) 능력이 필요하다. 대화의 소재가 다양하고 깊이가 있는 사람일수록 소통이 원활하다. 이를 위해 '책을 항상 가지고 다니는 습관'이 중요하다. 시공을 초월하여 책 속에서 많은 현인과 지성들과 대화하는 것은 자신의 성장과 발전에 커다란 영향을 미친다.

3) 글쓰기

어떤 현상과 사실에 대한 자신의 생각과 느낌, 의견을 간단명료하게 글로써 표현하는 글쓰기(writing) 능력이 필요하다. 글쓰기 능력은 아무리 많은 전달 내용이라도 이것을 한 1페이지로 작성(one page 보고서)하는 연습을 통해 개발할 수 있다.

4) 듣기

상대방의 생각과 느낌, 의견을 경청하고 공감, 이해하는 듣기(listening) 능력이 필요하다. 듣기 능력은 말하고 싶은 욕구를 제어하는 인내와 끈기가 필요하다. 듣기는 효과적 소통을 위한 가장 중요한 습관이지만 현실적으로 실천하기가 가장 어렵고 잘 안 되는 행동이다.

2 대상별 유형

의사소통의 유형을 대상별로 분류하면 자기와의 대화, 타인과의 대화로 구분할 수 있다.

1) 자기와의 대화

흔히 의사소통을 이야기할 때는 타인과의 대화를 이야기하지만 사실 이에 못지 않게 자기와의 대화(self talk) 또한 중요하다. 가끔은 바쁜 일상 속에서 멈추어 내면과의 대화를 통해 삶을 반성하고 성찰하는 습관이 꼭 필요하다. 자기와의 대화 주제는 상황에 따라, 시간에 따라 달라지겠지만 다음의 세 가지 질문은 누구에게나 중요하다고 생각한다.

- 내가 가장 잘 할 수 있는 것은 무엇인가?
- 나의 인생에 영향을 끼친(끼치고 있는) 사람(멘토)은 누구인가?
- 최근 3개월 이내에 읽은 책 중에서 가장 기억에 남는 내용은 무엇인가?

2) 타인과의 대화

사회적 동물인 인간이 공동체의 일원으로 함께 어울려 살아가기 위해서 다른 사람에게 상처를 주지 않도록 말을 조심하는 것은 중요하다. 이를 위해 가능한 남과 비교하지 않고, 남을 비난하지 않으며, 환경과 상황에 대해 불평불만을 하지 않으려는 비·비·불의 원칙을 실천하는 것이 중요하다.

| 자가진단 |

다음 각 질문에 대한 자신의 의견을 정리하고, 그 결과를 팀원과 공유하시오.

① 말하기, 읽기, 글쓰기, 듣기와 관련된 자신의 의사소통 능력을 다음 기준에 따라 평가하고 그 이유를 이야기하시오.

영역	자기평가	평가 이유
말하기		
읽 기		
글쓰기		
듣 기		

평가기준 : ○ 잘한다 / △ 보통이다 / × 부족하다

② 자신의 내면과 마주하여 대화해야 할 주제는 무엇인가? 그리고 타인과의 대화에서 어려운 점은 무엇인가?

영역	평가 이유
자기와의 대화주제	
타인과의 대화에서 어려운 점	

③ 영어를 기본으로 하여 중국어나 기타 외국어에 대한 자신의 능력을 1번 항목의 기준에 따라 평가하고 어떻게 외국어를 학습하고 있는지, 앞으로의 외국어 능력 향상 방법은 무엇인지에 대해 이야기하시오.

영역	자기평가	외국어 학습방법
영어		

3. MBTI 성격 유형별 의사소통방법

사람의 성격은 각 개인의 스타일을 좌우하는 매우 중요한 요소이다. 이는 자신의 진로를 결정할 때 중요한 요소이다. 학자들마다 견해가 다르지만, 일반적으로 성격은 "시간과 환경의 변화에도 불구하고 반복적이며 지속적으로 나타나는 개인의 사고, 감정, 행동에 영향을 미치는 지속적인 특성"을 말한다.

칼 융(Carl G. Jung)의 성격 유형발달이론에 의하면 아이들은 태어날 때부터 자신의 성격 유형 형성에 바탕이 되는 선천적 경향(Preference)을 가지고 태어난다고 말한다. 이 선천적 경향은 나이가 들어감에 따라 점차적으로 자신의 뚜렷한 선호 경향에 따라 성격 유형을 발달시켜 나가게 되는 것이다. MBTI는 칼 융(Carl G. Jung)의 심리 유형론에 근거하여 캐서린 브릭스(Katharine C. Briggs)와 그녀의 딸 이사벨 마이어스(Isabel Briggs Myers)에 의해 개발된 성격유형검사이다. MBTI는 자신과 타인의 성격역동을 이해하는데 유용하게 쓰인다. 외향-내향, 감각-직관, 사고-감정, 판단-인식의 4가지 선호지표를 통해 개인의 타고난 성격의 경향성을 파악하며, 이들의 조합으로 16가지 성격 유형 중 한 가지 유형이 선택되어 자기탐색을 돕는 도구이다.

1 MBTI 4가지 선호지표의 특성

'인간의 행동은 이해 가능하고 예측 가능하다' 이것은 칼 융이 사람들의 성격을 분류했던 방법의 토대가 되었다. 칼 융은 성격을 측정하는 데 중요한 4가지 차원이 있다고 말한다.

4가지 선호경향이란 교육이나 환경의 영향을 받기 이전에 이미 인간에게 잠재되어 있는 선천적 심리경향을 말한다. MBTI는 자기보고식 검사로 개인이 자신 및 외부 사실은 인식하고 판단할 때 선호하는 선천적인 경향성들을 발견하고 이를 바탕으로 여러 가지 상이한 선호경향들이 개인의 행동과 생활에 어떤 영향을 주는지를 이해하는 데 도움을 준다.

외향(Extraversion)	에너지방향(주의 초점)	내향형(Introversion)
감각형(Sensing)	인식 기능(정보 수집)	직관형(iNtuition)
사고형(Thinking)	판단 기능(의사 결정)	감정형(Feeling)
판단형(Judging)	행동 양식(생활 양식)	인식형(Perceiving)

1) 에너지의 방향은 어느 쪽인가?

에너지의 원천이 내적인가 아니면 외적인가? 즉, 에너지의 방향이 어느 쪽인가에 관한 것이다.

2) 무엇을 인식하는가?(아니면 직관적인가?)

정보수집의 방식은 구체적이고 순차적인 방식인가? 아니면 직관적이고 무작위적인 방식으로 정보를 얻어내는가이다.

3) 어떻게 결정하는가?(의사결정 방식은 합리적인가? 직관적인가?)

사람이 결정을 내리는 방식인데 합리적으로 사실에 근거하여 결정을 내리는가? 아니면 주관적으로 자신의 기분대로 결정을 내리는가에 관련한다.

4) 채택하고 있는 생활양식은 무엇인가?(조직적인가? 융통성인가?)

계획을 세우고 조직적으로 사는 사람과 의식적인 목적이나 방향이 없이 융통성 있게 사는 사람과의 차이이다.

4가지 선호지표를 자신에 대해 스스로 진단해보자.

E / I	S / N	T / F	J /P

각 개인은 자신의 기질과 성향에 따라 아래의 4가지 이분척도에 따라 좀 더 선호하는 경향성을 가지게 된다. 선호경향을 구분하여 태도, 선호하는 인식양식, 선호는 판단양식

에서의 개인차를 통해 개인의 성격 특성은 다음과 같다.

| 에너지의 방향, 주의 초점(태도) |

외향형(Extraversion)	내향형(Introversion)
• 주의 집중 – 자기 외부	• 주의 집중 – 자기 내부
• 외부 활동에 적극성	• 내부 활동에 집중력
• 폭넓은 대인 관계 (다수)	• 깊이 있는 인간 관계 (소수)
• 말로 표현	• 글로 표현
• 소모에 의한 에너지 충전	• 비축에 의한 에너지 충전
• 사교성	• 자기 공간
• 여러 사람과 동시에 대화	• 1 : 1의 대화
• 정열적, 활동적	• 조용하고 신중
• 경험한 다음에 이해	• 이해한 다음에 경험
• 쉽게 알려짐	• 서서히 알려짐

| 인식 기능(정보 수집) |

감각형(Sensing)	직관형(iNtuition)
• 오감	• 육감
• 주의초점 – 지금, 현재	• 주의초점 – 미래, 가능성
• 실제의 경험	• 아이디어
• 사실적이고 구체적	• 상상적이고 영감적
• 실태 파악	• 가능성과 의미 추구
• 현실 수용	• 미래 지향
• 정확하고 철저한 일처리	• 신속 비약적인 일처리
• 일관성과 일상성	• 변화와 다양성
• 사실적 사건 묘사	• 비유적, 암시적 묘사
• 관례에 따르는 경향	• 새로운 시도를 하는 경향
• 가꾸고 추수함	• 씨 뿌림
• 나무를 보려는 경향	• 숲을 보려는 경향

| 판단 기능(의사 결정) |

사고형(Thinking)	감정형(Feeling)
• 관심의 주제 – 사실, 진실 • 객관적 진실 • 원리와 원칙 • 논리적 • 분석적 • 간단 명료한 설명 • 지적 논평을 선호 • 객관적 판단 • 원인과 결과가 중요 • 규범과 기준을 중시	• 관심의 주제 – 사람, 관계 • 보편적인 선 • 의미와 영향 • 상황적 • 포괄적 • 정상을 참작한 설명 • 우호적 협조 • 주관적 판단 • 좋다, 나쁘다가 중요 • 나에게 주는 의미

| 행동 양식(외부 세계에 대처하는 생활 양식) |

판단형(Judging)	인식형(Perceiving)
• 체계적 • 정리정돈과 계획 • 의지적 추진 • 신속한 결론 • 통제와 조정 • 분명한 목적의식 • 분명한 방향감각 • 뚜렷한 기준과 자기의사	• 자율적 • 상황에 맞추는 개방성 • 이해로 수용 • 유유자적한 과정 • 융통과 적응 • 목적과 방향의 변화 • 환경에 따른 변화 • 결론보다는 과정을 즐김

| 자가진단 |

다음 설문지는 MBTI 성격 유형을 측정하기 위한 것이다. 8개의 문항은 각각 2문항씩 (A, B)으로 묶여 4개의 차원으로 구분되어 있다. 8개의 각 문항을 읽고 '자신을 표현하고 있는 정도'를 다음의 기준에 따라 평가한다(단, A, B의 합이 7이 되어야 한다).

평가기준

6 = 항상 그렇다	5 = 자주 그렇다	4 = 그러는 편이다
3 = 때때로 그렇다	2 = 좀처럼 그렇지 않다	1 = 전혀 그렇지 않다

1A. 나는 사교적이고 적극적이며 다른 사람들과 잘 어울리고 말하기를 좋아한다. (　　)

1B. 나는 생각이 깊고 조용하며 차분하고 집중력이 있으며 말수가 적은 편이다. (　　)

2A. 나는 '지금, 현재'를 중시하며 실질적인 면을 강조하고, 구체적인 사례를 선호한다. 오감을 통해 정보를 습득한다. (　　)

2B. 나는 '미래, 가능성'을 중시하며 창의적이다. 전반적이고 보편적 관점에서 말을 하며 직관이나 통찰과 같은 육감을 통해 정보를 수집한다. (　　)

3A. 나는 논리적, 분석적이고 엄하게 보이며 올바르고 공정하다. 감정을 억제하고 토의를 좋아한다. (　　)

3B. 나는 타인에게 우호적이며 대립과 갈등을 회피한다. 관계와 조화를 중요하게 생각하며 상황에 민감하게 반응한다. (　　)

4A. 나는 목적과 방향이 분명하고 철저히 계획을 세우며 결정하고 관리하기를 좋아한다. 정돈된 환경을 선호한다. (　　)

4B. 나는 상황에 따라 유연하게 적응하며 융통성이 있고 개방적이다. 규칙과 제도를 갑갑해 한다. (　　)

MBTI의 한국어판 검사는 1988~1990년 심혜숙, 김정택 박사가 CPP사(Consulting Psychologists Press.inc.)로부터 한국어판 저작권을 받아 개발하였다. 현재 어세스타가 상표권과 출판권을 가지고 있으며, 총 93문항으로 구성된 MBTI Form M이 2012년 개발되어 활용되고 있다. 본 진단은 Peter G. Northouse, 김남현(2011)의 측정도구(pp.404-207)를 기초로 저자가 일부 문항을 수정하여 사용하였다.

집계표

다음의 집계표에 평가한 결과점수를 옮겨 적는다. 선택된 자신의 4개 선호지표를 각 유형란에 적는다. 4개의 차원별로 점수가 큰 쪽이 자신의 차원별 선호지표가 된다.

차원	선호지표	점수	유형	차원	선호지표	점수	유형
주의초점	1A		외향형(E)	정보인식	2A		감각형(S)
	1B		내향형(I)		2B		직관형(N)
판단기능	3A		사고형(T)	생활양식	4A		판단형(J)
	3B		감정형(F)		4B		인식형(P)

각 묶음별로(A,B)의 점수 차이가 크면 어느 한쪽 성향이 강하다는 것을 의미하고, 점수 차이가 나지 않는 경우는 두 가지 성향을 모두 가지고 있다는 것을 말한다. 즉, 어느 쪽도 강하게 선호하지 않으며 상황에 따라 다르게 나타난다는 것을 의미한다.

최적 유형(Best-fit Type)

최종적으로 자신에 대해 스스로 검증한 확정 유형이다.

E / I	S / N	T / F	J /P

2 성격 유형별 의사소통방법

자신의 선호 유형을 찾고 타인과의 성격 차이를 이해하는 것은 개인으로 하여금 자신과 타인을 이해하는 데 도움이 된다. 자신의 성격을 명확하게 이해하고 있을 때 비로소 나와 타인의 차이를 '그릇됨'이 아닌 '다름'으로 인정하고 수용할 수 있게 되며 건강하고 건설적인 방식으로 대인관계에서 발생하는 갈등을 해결할 수 있게 된다. 결국 나의 성격뿐 아니라 타인의 성격에 대한 기본적인 이해가 있을 때 우리는 보다 건강하게 기능할 수 있게 되는 것이다.

다음은 선호지표에 따른 개인이 세상에서 보는 것들과 세상에 대해 내리는 결정이 달라질 수 있듯이 자신의 선호지표에 따른 사회적 장면에서 커뮤니케이션 스타일이다.

1) 에너지의 방향, 주의 초점(태도)

외향형(Extraversion)	내향형(Introversion)
• 열정적이고 열성적으로 대화한다. • 생각하는데 긴 휴식 없이 재빨리 반응한다. • 대화의 초점은 외부세계의 사람과 일에 있다. • 집단에서 대화할 기회를 찾는다. • 서면에 의한 커뮤니케이션보다 직접 대면하는 것을 좋아한다(말). • 회합 시 결론에 도달하기 전에 큰소리로 말하는 것을 좋아한다.	• 열정과 열성을 내면에 간직한다. • 대응하기 전에 생각하기를 좋아한다. • 대화의 초점은 내면적인 아이디어와 생각에 있다. • 1 : 1로 대화할 기회를 찾는다. • 직접 대면한 커뮤니케이션보다 서면을 통해 의사소통하는 것을 좋아한다(글). • 회합 시 결론을 내린 뒤에 말을 꺼낸다.

2) 인식 기능(정보 수집)

감각형(Sensing)	직관형(iNtuition)
• 증거(사실, 세부내용,사례)를 먼저 제시하는 것을 좋아한다. • 실제적이며 현실적인 적응을 보여주기를 원한다. • 얘기꺼리를 제공하는데 자신의 직접적인 경험에 의존한다. • 표현할 때 단계적 접근을 좋아한다. • 직선적이고 실현성 있는 암시를 좋아한다. • 구체적인 예와 관련시킨다. • 회의에서 의제에 따르려 한다.	• 큰 문제에 대한 보편적인 체계를 먼저 제시하는것을 좋아한다. • 마래 도전의 모든 개연성을 토의하기를 좋아한다. • 토의를 촉진하는데 상상력과 통찰에 의존한다. • 표현할 때 우회적인 접근을 사용한다. • 색다르고 비정상적인 암시를 좋아한다. • 일반적인 개념에 관련시킨다. • 회의에서 의제를 뛰어넘으려 한다.

3) 판단 기능(의사 결정)

사고형(Thinking)	감정형(Feeling)
• 간단하고 요약된 것을 좋아한다. • 각 대안의 장단점이 열거되기를 원한다. • 지적이며 비판적이고 객관적이 될 수 있다. • 냉정하고 비인격적인 추론에 의해 확신을 얻는다. • 먼저 목적과 목표를 제시한다. • 논리와 객관성이 자료의 가치를 재는 것으로 • 여긴다. • 회합 시 과업의 관련성을 찾는다.	• 사교적이며 친절한 것을 좋아한다. • 각 대안이 왜 가치 있으며 그것이 사람들에게 어떻게 영향을 미치는지 알고자 한다. • 인간관계에서 일어나는 것을 인정할 수 있다. • 열성적으로 얻는 개인적 정보에 의해 확신한다. • 먼저 동의와 요점을 제시한다. • 감정과 정서를 자료의 가치를 재는 것으로 여긴다. • 회합 시 사람들과의 관련성을 찾는다.

4) 행동 양식(외부 세계에 대처하는 생활 양식)

판단형(Judging)	인식형(Perceiving)

• 최종기일이 엄격하게 정해진 일정표와 스케줄을 토론하기 원한다 • 갑작스러운 일을 싫어하며 사전통보를 원한다 • 타인이 따라주기를 원하며 기대한다 • 자신의 위치와 의견을 분명하게 진술한다 • 결과와 성취를 전달한다 • 목적과 방향에 관해 이야기한다 • 회합 시 수행해야 할 과업에 초점을 맞춘다	• 스케줄에 대해서는 기꺼이 토론하지만 엄격한 최종일정에 대해서 마음이 편하지 않다. • 갑작스러운 일을 즐기며 마지막 순간의 변화에 적응하기를 좋아한다. • 타인의 상황적 요구에 적응하기를 기대한다. • 자신의 견해는 임시적이며 수정 가능한 것으로 제시한다. • 여러 대안과 기회를 이야기한다. • 자율성과 융통성에 관해 이야기한다. • 회합 시 안정되어야 할 과정에 초점을 둔다.

3 MBTI 성격 유형별 이해

MBTI는 4가지 선호지표를 조합하여 16가지의 성격 유형으로 구분한다. 각 유형은 첫 글자를 큰 글자로 하여 부호화하여 나눈다. 자신의 선호유형을 찾고 타인과 어떠한 성격 차이를 보이는지 알아보자. 다음은 16가지 성격 유형별 표이다. 각 유형의 성격 특성과 개발할 점에 대해 알아본다.

ISTJ	ISFJ	INFJ	INTJ
ISTP	ISFP	INFP	INTP
ESTP	ESFP	ENFP	ENTP
ESTJ	ESFJ	ENFJ	ENTJ

[활동] MBTI 성격 유형 진단 결과를 토대로 16개의 성격 유형 그룹으로 모인다.

- 주제 : 그룹의 성격 특성을 잘 나타내주는 그룹별로 토의하기
- 팀명 :
- 대표적인 성격 특성 : 성격 특성상 장점과 단점(각 3가지)
- 우리가 좋아하는 사람의 행동과 싫어하는 사람의 행동(각 1가지)
- 우리를 대할 때 이렇게 행동해 주세요(요구사항)

4 MBTI 선호 유형에 따른 의사소통방법

사람은 성격에 따라 선호하는 대화방식이 다르다. 따라서 성격 유형을 이해하고, 상대의 선호스타일로 대화하게 된다면 원활한 의사소통이 가능하다. 서로 다른 성격 유형의 사람들이 모이면 여러 가지 면에서 공감대를 형성하지 못하고 의견 충돌과 갈등을 겪게 된다. 가치관, 신념, 행동에서 차이가 있는 것은 누가 옳고 그르고의 문제가 아니라 성격 유형의 선호 차이에서 오는 결과이다. 서로의 차이에 대해서 관심을 가지고, 서로 다름의 차이를 인정하며 수용하여야 한다. 즉, 선호경향의 차이와 다양성을 가져올 수 있음을 인정하는 것이 중요하다.

상대방의 4가지 선호 유형에 따른 커뮤니케이션의 방법은 다음과 같다.

1) 상대방의 에너지의 방향, 주의 초점(태도)

외향형(Extraversion)	내향형(Introversion)
• 상대에게 이야기할 기회를 주기 • 화제를 다양하게 가져가기 • 되도록 말을 많이 하기 • 즉각적인 반응에 상처받지 말기 • 대화가 끊어지지 않도록 하기	• 질문을 던지고, 진지한 자세로 듣기 • 한 번에 하나씩만 말하기 • 가능하면 글로써 의사를 전달하기 • 상대에게 생각할 시간을 주기 • 상대의 말을 가로채어 결론짓지 말기

2) 상대방의 인식 기능(정보 수집)

감각형(Sensing)	직관형(iNtuition)
• 대화 주제를 분명히 하기 • 실제의 사례를 준비하기 • 정보를 차근차근 제공하기 • 실제적인 적용을 강조하기 • 말을 분명하게 하고 끝을 명확히 하기 • 과거의 실제 경험을 언급하기 • 사실이나 통계자료, 사례와 같은 객관적 증거를 제시하기	• 거시적인 관점에서 말하고 함축된 의미를 언급하기 • 가능성에 대해서 말하기 • 비유적 표현을 사용하기 • 문학, 예술, 철학, 역사 등 화제를 다양하게 가져가기 • 상대의 상상력에 동참하기 • 세세한 것까지 따지지 말기

3) 상대방의 판단 기능(의사결정)

사고형(Thinking)	감정형(Feeling)
• 논리적이고 체계적으로 말하기 • 결과를 명확히 하기 • 근거를 명확히 제시하기 • 어떻게 '느끼냐'고 묻지 말고, 어떻게 '생각하느냐'고 묻기 • 원리원칙과 공정성을 강조하기 • 되풀이해서 묻거나 말하지 말기	• 동의하는 부분을 먼저 언급하기 • 상대의 노력과 기여를 칭찬하기 • 상대의 감정을 이해하기 • 인간적인 문제를 화제로 삼기 • 미소를 잃지 말고, 눈을 맞추도록 하기 • 친절하고 사려 깊은 자세를 유지하기

4) 상대방의 행동 양식(외부 세계에 대처하는 생활 양식)

판단형(Judging)	인식형(Perceiving)
• 시간을 지키고 미리 준비하기 • 결론을 명확히 하기 • 문제해결을 뒤로 미루지 말기 • 의사결정을 분명히 하기 • 시간을 쓸데없이 보내지 말기 • 체계적이고 효율적인 모습을 보여 주기 • 기존의 계획을 고수하기	• 추정적 질문이 많을 것이라 예상하기 • 성급하게 결론을 유도하려 하지 말기 • 선택 가능성을 논의할 기회를 부여하기 • 계획에 유연성을 주기 • 결과보다는 과정에 초점을 맞추기 • 상대에게 선택하도록 하기 • 새로운 정보를 받아들이는 자세를 보여 주기

[활동] 최적 유형 결과를 토대로 자신의 성격 유형 특징을 확인하고, 자신의 성격의 장점과 단점, 그리고 개발할 필요성에 대하여 정리한다. 그 결과를 다른 사람과 공유한다.

MBTI 성격 유형 진단보고서	
성격 유형의 일반적 특성 – – –	개발해야 할 점 – – –
장점	**단점**

제10장
전화 매너

❶ 전화응대의 중요성
❷ 전화응대의 에티켓 및 유의사항
❸ 전화응대의 올바른 방법
❹ 상황별 전화응대법

[학습목표]

1. 전화응대의 에티켓을 이해한다.
2. 전화를 받고 거는 올바른 방법을 실천한다.
3. 상황별 올바른 전화응대법을 이해하고 실천한다.

제10장
전화 매너

1. 전화응대의 중요성

오늘날과 같이 인터넷이 발달한 첨단 정보통신시대에도 사무실 음성 커뮤니케이션의 대표적인 수단은 전화이다. 전화의 서비스와 기능 또한 점점 더 다양하고 편리해지고 있다. 특히, 전화는 메모나 편지, 이메일(e-mail)보다 처리 시간이 적게 걸리고 피드백을 즉각 받을 수 있다는 장점이 있어 업무 처리에 유용하게 사용된다. 그러나 이를 제대로 활용하기란 쉽지 않다. 밝고 예의 바르게 전화 응대를 하면 상대방의 신뢰를 얻기도 하고 기업에 대해서도 좋은 인상을 가지게 된다. 전화 응대 방식이 조직의 성과에도 중요한 영향을 미치기 때문에 바람직한 통화 방법과 예절을 익혀야 한다.

memo

2. 전화응대의 에티켓 및 유의사항

1 전화응대의 에티켓

1) 친절성

전화 통화를 할 때 상대는 나의 모습을 보지 못하지만 밝고 명랑한 목소리와 다른 사람을 배려하는 예의 바른 태도는 그대로 전달된다. 전화선을 통해 상대방에게 자신의 미소를 전달할 수 있을 정도로 친절하게 응대한다.

- 상대방이 앞에 있다는 생각으로 미소를 지으며 응대한다.
- 말을 가로채지 않고 상대방의 말을 끝까지 경청한다.
- 상대방이 원하는 정보를 성의껏 제공한다.
- 활기차고 밝은 목소리로 응대한다.
- 무표정한 음성이나 지나치게 크거나 작은 목소리로 응대하지 않는다.
- 민원 전화와 같이 상대방이 감정이 상했을 경우에도 끝까지 친절히 응대한다.

2) 신속성

전화응대는 면대면 서비스에 비해 대기시간을더 길게 느끼므로 대기시간을 최대한 줄여서 신속하게 응대하도록 한다.

- 전화를 걸기 전에 용건을 육하원칙에 맞게 정리하여 준비한다.
- 통화 내용은 간단, 명료하게 한다.
- 상대방이 원하는 정보를 신속하게 전달한다.
- 대기시간이 있을 경우, 오래 기다리지 않게 한다.

3) 예의

전화는 업무에 가장 빈번하게 이용되는 의사소통 수단이면서도 상대방을 보지 않고 의사를 전달하기 때문에 여러 면에서 주의해야 한다.

- 정중하게 받으며 소속부서와 이름을 밝힌다.
- 전화를 끊기 전에는 반드시 끝맺음 인사를 한다.
- 상대방보다 전화를 먼저 끊지 않는다.
- 상대방을 존중하면서 경청한다.
- 상대방이 감정적으로 말을 하더라도 맞대응하지 않고 정중하게 응대한다.

4) 정확성

전화응대의 특성상 음성으로만 응대하기 때문에 면대면 서비스보다 정확한 서비스를 위한 노력이 필요하다.

- 발음을 명확하게 하고 상대가 잘 이해할 수 있도록 천천히 말한다.
- 상대방의 입장에서 이해할 수 있는 용어로 바꾸어 사용한다.
- 중요한 부분은 반복하여 말한다.
- 상대방의 의도를 정확하게 파악할 수 있도록 경청한다.

2 전화응대 시 유의사항

전화응대 시 목소리, 발음, 문법, 어휘와 같은 언어 구사 능력은 물론, 전화를 받는 태도, 현재의 기분상태, 성격까지 상대방에게 전달될 수 있다. 의사소통의 연결 통로로서 전화 커뮤니케이션 기술 습득은 아무리 강조해도 지나치지 않다. 효과적인 전화응대를 위한 유의사항은 다음과 같다.

(1) 음성과 말의 속도

저명한 심리학자 메라비언의 저서『침묵의 메시지 : 감정과 태도에 숨어 있는 커뮤니케이션에』에 의하면, 전달 메시지의 55%는 시각적 신호를 통해 전달된다고 한다. 전달 메시지의 38%는 목소리의 높낮이, 크기, 말하는 속도 같은 음성적 신호로 전달되고, 7% 정도만이 사용 어휘 같은 언어적 신호에 의해 메시지가 전달된다고 한다. 따라서 통화 중의 메시지 전달에 중요한 요소로 작용하는 음성적 신호를 효과적으로 사용할 수 있어야 한다.

1) 음성의 높낮이와 크기

단조로운 어조(tone)의 음성은 듣는 사람을 지루하게 하거나 주의를 집중해서 경청하기 어렵게 만든다. 밝고 생기 있는 음성이 성공적인 의사소통을 가능하게 한다. 또한 너무 큰 음성은 상대방의 기분을 상하게 할 수 있고, 너무 작은 음성은 통화 내용을 제대로 이해하기 어렵게 만든다. 대화 내용을 효과적으로 전달할 수 있도록 음성의 크기를 조절해야 한다.

2) 말의 속도

통화 중에 전문 용어나 중요한 정보의 전달이 필요할 때 너무 빠르게 말하면 듣는 사람이 메시지를 알아듣기 어렵다. 반대로 간단한 메시지를 너무 천천히 말하면 듣는 사람이

지루해하거나 무시당한다는 느낌을 받을 수 있다. 따라서 통화 내용에 따라서 속도를 적절히 조절할 수 있어야 한다.

(2) 언어 구사 능력

통화자가 알맞은 음성 톤과 적절한 속도로 말한다 하더라도 듣는 사람이 상대방의 발음, 어휘 자체를 이해할 수 없다면 커뮤니케이션은 매우 어려워진다. 평소 웅얼거리거나 부정확하게 말하는 습관을 가진 사람은 정확한 발음을 하기 위해서 단어를 또박또박 분명하게 말하는 훈련을 할 필요가 있다. 어법도 발음과 마찬가지로 전문성과 교육 수준을 나타낸다. 상대방에게 호의적인 인상을 주는 대화를 하기 위해서는 어법에 맞는 문장을 사용해야 한다. 특히, 존댓말을 적절히 사용하는 것은 매우 중요하다.

예를 들면, "고객 만족 설문전화가 오시면 좋은 점수를 주시도록 부탁하실게요."처럼 존대 어법에 전혀 맞지 않는 표현은 곤란하다. 또한 통화를 할 때 상대방의 수준에 맞는 어휘를 선택해야 한다. 수준이 너무 높거나 낮은 어휘는 상대방에게 무시당한다는 느낌이나 지루함을 줄 수 있다. 또한 특정 분야에서 사용하는 전문 용어나 약어(略語)의 사용은 그 분야에 종사하지 않는 사람이라면 정확히 이해하기 어려우므로 가능한 한 쓰지 않는 것이 좋다.

3. 전화응대의 올바른 방법

전화 통화를 할 때 그 사람의 목소리나 말투를 들어보면 성격 및 태도를 짐작할 수 있다. 상대방에게 좋은 인상을 심어주는 올바른 전화예절을 소개한다.

1 전화를 받는 올바른 방법

① 신호가 울리면 아무리 바쁜 일을 하던 도중이라도 전화 수신음이 세 번 울리기 전에 받아야 한다. 혹 늦게 받았을 경우는 반드시 죄송하다는 사과의 말을 먼저 하도록 한다. 왼손으로 전화를 받고 오른손은 메모를 할 수 있도록 한다.

② 첫 인사말과 함께 회사명, 부서명, 자신의 이름을 정확한 발음으로 예의 바르게 말한다. 목소리로 상대방에게 자신의 미소를 전달할 수 있을 정도로 친절하게 응대해야 한다.

③ 상대방이 누구인지 확인한다. 상대방의 이름을 알 수 없거나, 상대방이 자신의 신분을 밝히지 않는 경우에는 누구인지를 정중하게 물어보아야 한다.

④ 상대방의 용건을 경청하며 메모하고, 다시 한 번 중요사항을 확인한다.

⑤ 통화를 마칠 때까지 친절하게 응대한다. 좋은 전화 목소리는 톤이 지나치게 높지 않고, 공손하면서도 활기에 찬 목소리이다.

⑥ 용건의 중요한 사항을 복창한다. 특히, 날짜, 시각, 금액, 장소 등 잘못 기록하는 일이 없도록 재차 확인하여 메모한다.

⑦ 용건을 알아들을 수 없거나 궁금한 사항은 통화가 끝나기 전 반드시 다시 한 번 묻고 확인한다.

⑧ 상대의 질문에 신속하고 정확하게 대답한다. 답변을 피하는 듯한 인상을 주지 않고 최대한 성의껏 정보를 전달하도록 한다.

⑨ 전화를 끊기 전에는 감사의 끝인사를 한 후 상대방이 전화를 끊은 것을 확인한 후에 조용히 수화기를 내려놓는다.

⑩ "기다려 주십시오"라고 말하고 설명 없이 장시간 기다리게 하지 않는다.

⑪ 본인 전화가 아닐 경우, 상대방이 찾는 부서나 찾는 사람에게 연결해 주도록 한다. 전혀 상관없는 부서로 연결하지 않는다.

⑫ 통화자가 바뀔 때마다 상대방이 용건을 처음부터 모두 설명하도록 해서는 안 된다. 전화 연결 시 상대방과의 통화 내용에 대한 요약전달이 필요하다.

2 전화를 거는 올바른 방법

① 전화로 전달하고자 하는 내용을 미리 정리하여 확인한다. 전화를 걸기 전에 전화를 거는 목적을 명확히 하고 전달해야 할 용건을 육하원칙, 즉 5W 1H(when, who, where, what, why, how)에 따라 순서대로 정리하며 말할 순서를 미리 생각해 두도록 한다.

② 필요한 내용을 메모하기 위하여 메모지와 펜, 기타 필요한 자료를 준비한다.

③ 상대방과 전화가 연결되면 우선 첫인사와 함께 자신의 소속과 성명을 정확히 밝히고 나서 상대방을 확인한다.

④ 상대가 다른 중요한 업무를 하고 있거나 전화받기 어려운 상황일 수 있으므로 상대방의 통화 가능 여부를 확인한다. 특히, 휴대폰으로 연결하는 경우에는 회의 중이거나 운전 중일 수 있으므로 반드시 통화 가능 여부를 확인한다. 전화를 받기 어려운 상황일 때는 통화 가능 시간을 물어본다.

⑤ 통화 내용을 요약, 정리하고 답신이 필요할 경우 답신 시기와 방법 등에 대해 확인한다. 용건을 전달하면 받는 쪽이 복창하는 것이 바람직하나 상대방으로부터 아무런 반응이 없을 경우에는 전화를 건 쪽에서 복창하여 상대방의 이해 여부를 확인하도록 한다. 중요한 사항은 반드시 복창하여 재확인하도록 한다.

⑥ 용건을 마치면 감사의 끝인사를 한 후 손으로 수화 버튼을 눌러 끊고 수화기를 내려

놓는다. 전화는 건 사람이 먼저 끊으나 상대방이 손윗사람인 경우에는 상대방이 수화기를 내려놓은 후 조용히 내려놓는다.

⑦ 회사 전화로 개인적인 통화는 될 수 있는 대로 피하되, 피치 못할 경우에는 3분 이상 길게 통화하지 않는다. 회사로 오는 전화를 지연시키거나 통화시점을 놓침으로써 업무관계가 잘못될 수도 있다는 점을 항상 기억한다.

memo

■ 전화 걸기

전화 거는 순서	응대 요령
① 용건을 정리한다.	• 전화 걸기에 적합한 상황인지 확인한다. (출퇴근 시간이나 점심시간 등은 피한다.) • 용건을 육하원칙에 의거하여 정리한다.
② 전화를 건다.	• 전화를 걸면 밝은 목소리로 인사하며 자신의 신분을 명확히 밝힌다.
③ 용건을 이야기한다.	• 용건부터 이야기하고 다른 내용을 말한다.
④ 끝인사를 한다.	• 감사의 인사나 당부의 인사 등으로 밝게 인사한다.
⑤ 전화를 끊는다.	• 전화를 너무 급하게 내려놓으면 상대방에게 끊는 소리가 크게 들려 불쾌할 수 있으므로 천천히 버튼을 누른 후 수화기를 살짝 놓는다.

■ 전화 받기

전화 받는 순서	응대 요령
① 3단계로 신분을 밝히며 전화를 받는다.	• 전화를 받을 때는 인사, 소속, 이름을 세 단계로 밝힌다. (예 : 안녕하십니까? ㅇㅇ회사, ㅇㅇ입니다.) • 전화는 두세 번 울릴 때 받는 것이 좋으나 상대를 오래 기다리게 했을 경우 사과의 인사말을 한다. • 전화를 받는 목소리는 최대한 밝고 친절해야 한다.
② 상대를 확인하고 인사한다.	• 상대가 자신의 신분을 밝혔을 경우 반갑게 인사해 주는 것이 좋다.
③ 용건을 확인하고 처리한다.	• 용건은 반드시 상대방이 듣는 앞에서 복창하여 정확하게 확인한 후 처리한다. • 숫자 등은 잘못 전달될 수 있으므로 더 명확히 하도록 한다.
④ 끝인사를 한다.	• 끝인사를 친절하게 한다.
⑤ 전화를 끊는다.	• 전화를 너무 급하게 내려놓으면 상대방에게 끊는 소리가 크게 들려 불쾌할 수 있으므로 천천히 버튼을 누룬 후 수화기를 살짝 놓는다. • 연장자나 상급자가 먼저 끊는 것을 확인하고 전화를 내려놓는다.

*전언메모 작성요령

통화를 원하는 사람이 부재중일 경우 통화 내용을 전달하기 위해 메모를 남긴다. 상대방이 전화했다는 사실을 전할 필요가 없다고 말해도 반드시 메모를 남기도록 한다. 정확하게 통화 내용을 전달해 주기 위해서 육하원칙(언제, 어디서, 어떻게, 누가, 무엇을, 왜)에 준하여 용건을 확인한 후 메모 내용을 작성한다. 통화 내용을 전달해 줄 사람 책상 위 눈에 잘 띄는 곳에 메모한 종이를 올려둔 후 당사자가 돌아오면 구두로도 알려준다.

Tip. 전화 메모 작성 시 필수 항목

1. 전화를 받은 일시
2. 전화를 건 사람의 회사명, 부서명, 이름
3. 전화용건
4. 상대방이 다시 전화를 할 것인지, 전화하기를 원하는지의 여부 확인
5. 상대방의 연락처
6. 전화를 받은 사람 이름

memo

4. 상황별 전화응대법

1 전화를 다른 부서(담당자)로 연결해야 할 경우

- 전화를 다른 부서(담당자)로 연결해야 할 경우 연결하기 전까지 들은 용건을 정확하게 전달하여 상대방이 반복해서 용건을 말하지 않도록 한다.
- 회사 내의 다른 부서(담당자)를 찾는 경우는 통화 전환 시 전화가 끊어질 수 있음을 알리고 해당 부서의 내선 번호나 직통 번호를 안내한 후 해당 부서를 연결한다.

■ 잘못된 사례 1

상담원 : ○○통신 최연결입니다. 무엇을 도와드릴까요?
고　객 : 지금 이용 중인 번호를 해지하려구요.
상담원 : 네, 고객님. 해지 말씀이십니까? 해지상담은 담당부서를 통해 처리 가능하신데요, 제가 지금 담당부서로 바로 연결해 드리겠습니다. 잠시만 기다려주시겠습니까?
고　객 : 네, 알겠습니다. (뚜~루루루 뚜~루루루 대기음악이 2 ~ 3분 나오다가 다시 녹음된 음성이 나온다) "죄송합니다. 지금은 통화중인 상담원이 많아 연결이 지연되고 있습니다. 다시 전화해 주시기 바랍니다."
뚜… 뚜… 뚜…

■ 잘못된 사례 2

고　객 : 저… 오늘 아침에 신문에 난 교육 프로그램에 대해서 알아보려고 전화했는데요.
직원 A : 네, 무슨 일이신데요?
고　객 : 오후반으로 등록을 하고 싶은데, 한 반에 몇 명이 정원인가요? 혹시 마감되었나요? 접수하려면 무슨 서류가 필요한가요?
직원 A : 잠깐만요.
직원 B : 전화 바꿨습니다.
고　객 : 저… 오늘 아침에 신문에 난 교육 프로그램에 대해서 알아보려고 전화했는데요...
직원 B : 네.
고　객 : 오후반으로 등록을 하고 싶은데요.
직원 B : 아, 네, 오후반이요? 담당자 바꿔 드릴께요. 잠시만요.
직원 C : 전화 바꿨습니다.
고　객 : 여보세요. 저 다시 말해야 하나요?
직원 C : 무슨 일로 전화하셨죠?

- “잠시 기다려 주시겠습니까? 바로 연결해 드리겠습니다. 혹시 연결 중 전화가 끊기면 ○○부서, 전화번호 000-0000으로 다시 전화 주시기 바랍니다.”

2 상대가 기다려야 할 경우

- 전화 받을 사람이(바로) 전화를 받지 못할 경우에는 상황을 알리고 기다릴 것인지, 메시지를 남길 것인지, 아니면 우리 쪽에서 전화를 해주기를 원하는지 등을 확인하고 그에 맞는 응대를 하도록 한다. 상대방의 의사를 확인하지도 않고 전화 받을 사람이 통화 중이니 기다리라며 보류 버튼을 눌러서는 안 된다.
- 상대방이 오랫동안 기다릴 경우는 다시 전화를 연결하여 “대단히 죄송합니다만 조금만 더 기다려 주십시오.”라고 한다. 상대방이 너무 오랫동안 기다려야 할 경우 중간중간 연결하여 상대방의 의사를 재확인한다.

– 이사님은 지금 통화 중이십니다. 잠시만 기다려주십시오. (X)

– 이사님은 지금 통화중이십니다. 잠시 기다리시겠습니까? 아니면 나중에 다시 전화 하시겠습니까? (O)

3 전화를 선별해야 할 경우

- 전화 건 사람과 용건을 정확히 파악해 상사에게 필요한 전화와 불필요한 전화를 선별(screen)해 연결한다.
- 전화 건 사람이 무례하거나 자신의 신분을 밝히기를 꺼려하더라도 상사의 체면이 손상되지 않도록 예의 바르게 응대해야 한다.

4 찾는 사람(담당자)이 부재중일 경우

- 전화 받을 사람(담당자)이 부재중일 경우에는 전화 건 사람에게 부재 사실을 알려준

후 용건을 메모하여 전달해 준다.

■ 잘못된 사례 3

고 객 : 송대리님 계십니까?
직 원 : 지금 안계신데요.
고 객 : 언제 통화 가능할까요?
직 원 : 잘 모르겠어요. 나중에 해 보세요.

- "죄송합니다만, 지금 잠시 담당자가 자리를 비우셨습니다. 00분 후인 00시 00분 이후에는 통화가 가능합니다. 메시지 남겨주시면 메모를 전달해 드리겠습니다."

5 전화가 잘못 걸려온 경우

- 잘못 걸려온 전화라도 친절하게 응대한다.

■ 잘못된 사례 4

고 객 : 여보세요? 거기 한센주식회사지요?
직 원 : 아닌데요.
고 객 : 한센 주식회사 아니에요?
직 원 : 아니라니까요
고 객 : 이상하다… 전화번호가…
직 원 : 잘못 거셨어요. (찰칵)~

- "죄송합니다만 전화를 잘 못 거신 것 같습니다. 여기는 ○○회사입니다. 전화번호를 다시 한 번 확인해 주시겠습니까?"

6 통화를 대기시키는 경우

- 통화 중 다른 전화가 걸려올 때 통화 중인 상대방에게 양해를 구한 후 전화를 잠시 대기시킨다.

- 나중에 온 전화를 받아 간단히 인사한 후 통화 중임을 알리고 통화를 마친 후 전화하겠다고 하거나 먼저 걸려온 전화 통화가 끝날 때까지 기다려 줄 수 있는지 물어 양해를 구한 뒤 전화를 대기시킨다.
- 정확한 답변을 주기 위해 약간의 시간이 소요될 것으로 예상될 때에는 상대에게 전화를 다시 할지 좋은지, 아니면 기다리겠는지에 대한 의견을 구한다.
- 나중에 걸려온 전화가 윗사람의 전화이거나 시급을 요할 때는 먼저 걸려온 전화를 마무리하고 급한 전화부터 처리하도록 한다.

7 전화가 통화 도중에 끊어진 경우

전화가 도중에 끊어졌을 때도 원칙적으로 건 쪽에서 다시 건다. 그러나 이러한 경우에도 상대방이 윗사람일 경우는 아랫사람이 다시 걸도록 한다. 다시 통화가 된 경우 나의 고의적인 실수가 아닐지라도 "전화가 도중에 끊어졌습니다. 죄송합니다."는 말을 먼저 하고 용건으로 들어가도록 한다.

8 전화가 잘 들리지 않는 경우

- 전화가 잘 들리지 않는다고 목소리를 높이지 않도록 주의한다.
- "뭐라구요? 잘 안 들리는데요."라는 표현 대신 "감이 먼 것 같습니다. 좀 더 크게 말씀해 주시겠습니까?" 혹은 "죄송합니다만, 다시 한 번 말씀해 주시겠습니까?"라고 공손히 상대방에게 요청한다.
- 계속 전화상태가 나쁜 경우에는 양해를 구한 뒤 끊고 다시 연결한다.

9 자동 응답기에 녹음해야 할 경우

- 상대방이 부재중이거나 전화를 받을 수 없어 자동 응답기에 녹음해야 할 경우에는 끊지 말고 반드시 메시지를 정확하게 남긴다.

- 전화 건 사람의 소속, 이름, 용건뿐만 아니라 연락 전화번호, 메시지를 남긴 날짜와 시각도 함께 남긴다.

10 항의 전화를 받는 경우

- 상대방이 화가 나 있어도 같이 흥분하거나 맞서지 않는다.
- 일단 상대방이 화를 내는 이유를 충분히 들어 주고, 상대방의 감정을 가라앉히도록 노력한다.
- 먼저 담당자가 해결할 수 있는 방안을 찾아보되, 상사를 바꾸어 달라고 하면 전화번호를 확인 후 즉시 전화드린다고 한다.
- 상사에게 상황에 대해 보고 후 도움을 요청하여 상위 책임자가 전화를 하도록 한다.

Tip. 불만 전화 응대법 10단계

1. 전화를 받기 전에 우선 미소를 지어 본다. 고객도 그 미소를 느낄 수 있다.
2. 자신이 누구인지를 밝히고, 어떤 도움을 필요로 하는지 물어본다.
3. 우선 열심히 들어 준다. 고객의 말을 가로막지 말고 문제가 무엇인지를 경청한다.
4. 흥분하지 않는다. 고객이 화를 내는 대상은 내가 아니라는 사실을 늘 염두에 두고 고객의 불평을 개인적으로 받아들이지 않는다.
5. 문제에 대해 진심으로 사과한다. 고객은 가식적인 말과 진심 어린 사과를 분명히 구분할 수 있다.
6. 고객의 입장에서 응대한다. "네, 고객님께서 왜 그렇게 화가 나셨는지 충분히 이해가 됩니다."와 같이 공감을 표시한다.
7. 상세한 질문을 통해 자세한 불만사항을 알아낸다.
8. 고객이 쓴 단어를 다시 사용하며 고객의 불만을 재확인한다.
9. 실현 가능한 해결책을 제시한다.
10. 자신의 이름을 다시 한 번 밝히고 전화번호를 알려준다. 마지막으로 고객의 전화에 대한 감사의 말을 잊지 말아야 한다.

memo

제11장 이메일 매너

1. 이메일의 역사
2. 이메일의 속성
3. 이메일 작성 시 유의사항
4. 올바른 이메일 작성법
5. 올바른 이메일 매너

[학습목표]

1. 이메일 작성을 위한 기본 매너를 이해한다.
2. 올바른 이메일 작성법을 숙지하고 실천한다.

제11장

이메일 매너

1. 이메일의 역사

IT'S EMAIL'S 40TH ANNIVERSARY!

THE HISTORY OF EMAIL

1971 : Computer engineer Ray Tomlinson sends the first electronic mail message

QWERTYUIOP *SEND*

*Tomlinson has since forgotten what the message said-

1971 : 레이 톰린슨이 최초로 이메일 메시지를 보냄

1976 : Queen Elizabeth II becomes the first head of state to send an electronic mail message

LOL WTF *SEND*

1976년 : 엘리자베스 여왕은 이메일을 최초로 사용한 국가 수장임

1978 : The first electronically-sent advertisement goes out. over a network of government and kuniversity computers.

1978년 : 최초로 이메일을 사용한 광고가 정부기관과 대학 내 네트워크를 통해 사용됨

1982 : The word "email" is first used.

1982년 : '이메일' 용어 등장

1982 : The first-ever smiley "emoticon" is invented by Scott Fahlman. :)

1982년 : 스콧 화이만이 이모티콘을 개발함

1989 : Radio man Elwood Edwards records AOL'S iconic "Welcome," "File's done," "Goodbye," & "You've got mail!"

1997 : Microsoft buys Hotmail for about $400 million.

1997년 : 마이크로소프트사는 핫메일을 4억 달러에 인수함

1997 : Microsoft Outlook is released.

1998 : Warner Bros. releases You've Got Mail, which tops $250 million at the box office.

1998 : The word "spam" is added to the Oxford English Dictionary.

SPAM.

1998년 : '스팸' 용어 옥스퍼드 사전에 등록됨

1999 : A fraudulent email claiming that Bill Gates plans to share his wealth with internet users begins to circulate. It is forwarded by millions.

2003 : On an episode of "The Simpsons," Homer reveals his email address, chunkylover53@aol.com

2003 : George W. Bush signs into law the CAN-SPAM Act, the US' first national standards for sending commercial emails.

2003년 : CAN-SPAM 법령(이메일 상업광고 사용 규정) 시행

2004 : LOL and other Internet acronyms are officially recognized in the Oxford English Dictionary.

LMAO!!!!!!!!

2004년 : 이메일 약어(LOL 등)가 옥스퍼드 사전에 등록됨

2004 : FTC codifies email spam laws.

2004 : Multimedia emails are introduced after the MMS World Congress in Vienna.

2005 : SPF, the first technology that verifies email senders' identities, is established.

2007 : Google makes Gmail available to the public worldwide.

2007 : Anti-phishing security protocol DKIM is adopted by the internet Engineering Task Force.

2007년 : DKIM(안티피싱 보안 통신규약) 적용

2008 : Presidential candidate Barack Obama compiles a database of over 13 million email addresses.

VOTE 4 ME

2011 : The Associated Press Stylebook changes "e-mail" to "email."

2011년 : e-mail에서 email로 변경

REACHMAIL | ReachMail.com

SOURCES :

1971 Ray Tomlinson NPR : The Man Who Made You Put Away Your Pen " 2009 " 1975, queen : ABC News Online : "Queen Elizabeth sent her first email in 1976 " 2006 ", 1998, You've Got Mail : Box Office Mojo : You've Got Mail 2007, DKIM : Network world : "Powerful new antiphlishing weapon DKIM emerges, " 2008 " 2008, Obama : The New York Times, "Melding Obama's Web to a YouTube Presidency. "2009 "

2. 이메일 속성

1 이메일의 장점

첫째, 가장 신속하게 전달되는 메시지이다.

만나서 진행하는 면대면(face-to-face) 미팅은 장소 및 시간 약속 후 상호협의하에 정해진 장소에서 정보를 전달할 수 있으며 전화 또한 상대방과 전화연결이 된 시점에 상호교류가 가능한 반면, 이메일은 전송 버튼을 누르는 순간 상대방이 어느 장소에 있든지 정보를 확인할 수 있다. 이메일은 면대면이나 전화 또는 우편에 비교하여 빠른 정보 전달력을 가지고 있다고 할 수 있다.

둘째, 무료로 제공된다.

일부 기업형 메일을 제외하고 대부분의 이메일은 이용하는 데 비용이 들지 않으므로 경제적인 효과를 볼 수 있다.

셋째, 정보를 많은 사람과 공유할 수 있다.

이메일 수신자가 다수일 경우 수신자란에 다수의 수신자명을 입력하여 전송함으로써 동시에 동일한 정보를 공유할 수 있다. 또한 보내고자 하는 정보와 관련하여 유관부서 담당자나 실질적인 수신자는 아니지만 업무 협조를 위해 정보 공유가 필요한 사람들을 참조인으로 입력하면 동시에 다수의 사람들에게 전송이 가능하다. 여러 가지 정보 공유와 의사 결정 내용들은 수시로 이메일을 통하는 경우가 많다. 이러한 정보 공유 기능은 팀 프로젝트나 업무 협조를 얻는데 유용하게 활용되고 있다.

2 이메일의 단점

첫째, 전송 버튼을 누르는 순간 상대방에게 내용이 전달되며 되돌릴 수 없다.

최근 '발송 취소' 기능이 생기기는 했지만 이메일의 특성상 전송 버튼을 누르는 순간 상대에게 전달되므로 반드시 전송 버튼을 누르기 전 다시 한 번 이메일 내용을 꼼꼼이 살펴보고 제목 및 수신인, 참조인까지 재확인한 후 전송 버튼을 눌러야 한다.

둘째, 보안이나 정보 유출의 가능성이 있다.

정보의 전달이 쉽고 정보보관도 용이하기 때문에 중요한 내용일 경우 이메일로 정보를 전달할 때 신중을 기할 필요가 있다. 이메일로 정보를 전달할 시에는 외부로 유출될 가능성에 대해서 항상 염두에 두어야 한다.

셋째, 넘쳐나는 스팸 메일을 걸러내기 쉽지 않다.

홍보마케팅을 위한 기업의 이메일 정보를 이용하여 마케팅 차원의 이메일이 수신되거나 개인 이메일 정보의 유출로 본인이 원하지 않는 광고성 스팸메일이 수신되어 불필요한 메일이 오는 경우가 많아 정작 중요한 메일을 놓칠 수도 있다.

3. 이메일 작성 시 유의사항

첫째, 목적성을 명확히 하라.

메일을 보낼 때 '어떤 내용을 알리고자 하는가?'와 '무엇을 얻고자 하는가?'를 유념하여 작성하고 한눈에 이메일을 보낸 의도를 알 수 있도록 한다.

둘째, 가장 효과적인 전달방법인지 확인하라.

메일을 상대에게 보내게 될 경우 메일로 전달하는 것이 가장 업무적으로, 정서적으로 효과적인가에 대한 재확인이 필요하다.

셋째, 적절한 시기를 놓치지 마라.

메일 송신 후 메일 보냈음을 알리는 문자나 전화를 한다.

출근 시간 이전에 메일을 보내도록 한다.

4. 올바른 이메일 작성법

1 이메일 작성 : 발송

1) 제목

이메일 작성 시 제목은 전체 내용을 포함할 수 있는 핵심어휘를 사용하여 수신자가 본론 내용을 짐작할 수 있도록 작성하는 것이 좋다. 사람들은 제목을 보고 내용을 읽을지 여부를 판단하므로 메일의 제목은 본문의 내용을 함축하고 수신자가 충분히 흥미를 보일 만한 것으로 작성하는 것이 좋다.

2) 내용

이메일 내용은 특수한 경우가 아니라면 길지 않게 작성하는 것이 좋다. 첫 문장에 핵심적인 문장을 먼저 작성한 후 간결하게 내용을 작성하도록 한다. 대면에서와 마찬가지로 '첫인사–본론–끝인사'로 구성한다.

이메일의 문장들을 통해서 상대에게 나를 표현하게 되므로 상대에 대한 배려가 전해지는 첫인사로 시작하는 것이 좋다.

"안녕하십니까? ○○○과장입니다."
"어제 오늘 많이 춥습니다. 따뜻한 차와 함께 오후를 시작하시는 것도 좋을 듯합니다."
"지난 주 회의 때 처음 뵈었는데, 덕분에 일이 잘 처리되어 감사합니다."

등등 상대에 대한 관심 또는 일반적인 날씨에 대한 이야기 등으로 첫인사를 시작한다면 사무적이고 딱딱한 느낌이 들지 않고 상대에게 나에 대한 부드러운 인상을 줄 수 있다.

메일의 도입부에는 인사를 쓴 후 본인 소속과 이름을 밝힌다.

인사를 마친 후에는 곧바로 주 내용의 핵심문장을 간결하게 작성하여 메일 내용을 파악할 수 있도록 한다. 본론의 내용은 최대한 간결하게 한눈에 알아볼 수 있도록 목차를 활용하면 더욱 좋다. 문장은 설명하듯이 길게 나열식으로 전개하기보다는 한 줄이 넘어가지 않게 짧게 끊어서 작성함으로써 내용을 쉽게 파악할 수 있도록 작성한다.

메일의 끝부분에는 간략하게 한 줄로 인사를 마무리한다.

비대면이므로 최대한 어투는 극존칭을 사용하는 것이 바람직하다. 서면으로 주고받을 때 작은 표현 하나가 큰 오해를 낳을 수도 있기 때문이다. 첨부파일이 있을 경우, 어떠한 첨부파일을 첨부했는지 알려준다.

3) 발신 정보

끝인사 이후 본인을 나타내는 서명이나 이메일 명함을 준비한다면 보다 전문성이 돋보일 수 있다. 서명에는 회사와 직급, 연락처 등을 작성하여 상대가 언제든지 연락을 취할 수 있도록 정보를 제공한다.

No	구분	내용
1	회사와 부서명	(주) ○○○○ ○○팀
2	이름 / 직위	○○○ 대리
3	회사 전화번호	대표번호 혹은 직통번호
4	휴대폰 번호	개인 휴대폰 번호
5	회사 주소	우편물 수신처로 정확히 작성
6	메신저 등 개인 SNS 정보	페이스북 / 블로그 / 트위터 / 이메일주소 등

부재중일 경우에는 메일을 보낸 사람에게 즉시 부재 알림 메일 회신이 갈 수 있도록 선조치를 한다.

4) 수신인 정보

메일을 받는 사람은 수신인, 참조인, 비밀참조(숨은참조)인 등 3가지 형태로 나뉜다.

보내는 메시지를 확실하게 전달받아야 하는 사람은 수신인 항목에 포함한다. 반면, 이메일 전달사항을 인지할 대상이나 직접 정보를 전달받아서 정보처리를 할 대상이 아닐 경우에는 참조인으로 작성한다.

참조인은 메일 내용을 직접적으로 받는 수신자는 아니지만 메일 정보를 공유해야 하는 사람으로 수신자와 함께 참조인의 이름이나 이메일을 확인할 수 있다. 하지만 비밀참조(숨은 참조)의 경우에는 숨은 참조인의 이름이나 이메일이 나오지 않기 때문에 숨은 참조인은 이메일 수신자와 내용을 파악할 수 있으나, 수신자는 숨은 참조인을 알 수 없다.

예를 들면, 우리 부서에서는 해당 메일 내용을 공유받아야 하지만 수신자 입장에서는 누군가(혹은 그룹)가 이메일 수신 대상자에 포함돼 있으면 불쾌해 할 수 있는 경우가 있다. 숨은 참조로 들어온 사람은 메일 내용을 공유할 수 있지만 메일을 받는 쪽에서는 참조 명단에서 보이지 않으므로 이런 경우 숨은 참조로 우리 부서 사람을 입력한다.

전달할 내용을 누구한테 말하는가? 그리고 누가 그 사실을 지켜보고 공유받아야 하는가?에 따라서 받는 사람과 참조인을 잘 구분해서 사용하도록 한다. 불필요하게 받는 사람이나 참조인을 추가하여서도 안 되며, 전달할 이메일 내용을 꼭 알아야 하는 사람이 참조인에서 빠져도 안 되므로 보내기 전 다시 한번 확인한다.

2 이메일 작성 : 답신

이메일을 확인한 후에는 바로 답장을 보내야 한다. 신속하게 회신 내용을 주거나 상황이 여의치 않거나 회신 내용이 필요 없을 경우에는 간단하게 "확인했습니다"라는 짧은 확인 메일이라도 보내는 것이 예의이다.

나에게 메일을 준 사람에게만 답장을 쓸 때와 참조(인도 포함하여) 전체 답장을 쓸 때 이를 잘 구분해야 한다. 보통은 전체 답장을 통해서 참조인이 다시 참조로 붙어서 나가도록 하지만 때에 따라서는 참조인을 제외하고 나한테 메일을 쓴 오직 한 사람에게만 답장을 해야 할 때도 있다.

3 이메일 작성 : 첨부파일

- 첨부 파일이 있을 경우 파일을 첨부했다는 내용을 기재하도록 한다.
- 메일 전송 버튼을 누르기 전에 다시 한번 파일 첨부 여부를 체크한다.
- 파일을 첨부할 경우 파일명에 내용을 알 수 있도록 작성한다.
- 첨부파일의 용량을 최소화한다. 첨부파일은 정리해서 첨부파일 개수를 최소한으로 하여 상대가 일일이 열어보는 번거로움을 덜어준다.

memo

5. 일반적인 이메일 매너

- 날마다 메일을 체크하고 회신은 바로 보내도록 한다.
- 중요하지 않은 메일은 즉시 삭제한다. 광고성 메일이나 중요하지 않은 메일을 삭제하지 않고 저장해 놓을 경우 정말 중요한 메일을 놓칠 가능성이 높다.
- 자신의 ID나 비밀번호를 타인에게 절대 공개하지 않는다.
- 메일 내용은 가능한 간결하고 명확하게 요점만 작성하도록 한다. 내용이 길어지면 수신자가 끝까지 읽지 않을 수도 있다.
- 메일을 보내기 전에 주소가 맞는지 재확인한 후 보낸다. 다른 사람에게 메일이 발송되었을 경우 정보 유출로 곤란을 겪을 수도 있다.
- 흥분한 상태에서는 메일을 보내지 않는다. 격앙된 감정으로 메일을 작성하게 되면 이성적 판단이 흐려져 실수하기 쉽다.
- 화가 난 감정의 표현을 보내는 것은 피해야 한다. 반드시 작성 후 다시 내용을 확인하여 상대방에게 보내도 되는 메일인지 점검한다.
- 줄 간격마다 공백 줄을 두어 크기만 늘리는 메시지 작성은 삼간다.
- 올바른 철자와 문법을 사용해야 한다. 틀린 철자는 없는지 문법은 맞게 되었는지 다시 한 번 확인한 후 메일을 전송한다.
- 특수문자, 이모티콘 사용을 자제한다. 최대한 예의를 갖추어서 정중하게 작성하도록 한다.
- 동의 여부만 묻는 이메일이라면, 동의한다고 하는 한 줄 정도의 글이라도 간결하게 회신한다.
- 한 줄의 길이가 너무 길지 않게 작성한다.
- 제목은 메시지 내용을 함축하여 간략하게 쓴다. 핵심제목을 간략하게 기재하여 내용을 짐작하게 한다.
- 메일에서 타인에 대해 말할 때는 신중하게 생각하고 작성한다. 메일은 쉽게 전파될 수 있기 때문이다.

- 타인에게 피해를 주는 언어에 각별히 유의한다. 상대방의 입장에서 메일을 다시 한 번 읽어본 후 전송하도록 한다.
- 장문의 메일을 지양한다. 본문 내용은 전하고자 하는 메시지를 요약하게 일목요연하게 작성하여 상대방이 읽기 쉽도록 한다.
- 파일 첨부 시 내용을 알 수 있도록 파일명을 작성하고 파일을 첨부했다는 내용을 기재한 후 첨부 여부를 꼼꼼히 체크한다.
- 답장은 바로 보낸다. 너무 늦게 보내지 않도록 한다.
- 답장에 답장이 반복돼 핑퐁처럼 메일이 왔다갔다 하는 경우에는 인사를 생략해도 무방하다.

memo

제12장

서비스 이해와 고객응대기법

1. 고객서비스의 이해
2. 고객응대 프로세스 및 불만고객응대

[학습목표]

1. 고객 만족을 넘어 고객 감동을 외치는 서비스의 특성을 이해하고 실무에 적용할 수 있다.
2. 현장 상황에 따른 고객응대 기본방법과 고객욕구를 이해하며 불만고객응대방법을 적용할 수 있다.

제12장

서비스 이해와 고객응대기법

1. 고객서비스의 이해

최근 치열한 시장 경쟁 환경에서는 눈에 보이는 상품보다 소비자 구매 결정에 보다 큰 영향을 미치는 것은 눈에 보이지 않는 서비스이다. 눈에 보이는 유형적인 상품의 경우, 품질, 기능, 디자인 등이 기계화, 정보화 등 비슷해진 물리적인 환경의 경쟁업체들로 유사해져 차이가 나지 않는다. 그러나 눈에 보이지 않는 무형적인 서비스의 경우 경쟁업체들과 차별화를 할 수 있으며, 고객들이 구매 결정을 할 때 눈에 보이는 유형적인 측면보다는 눈에 보이지 않는 무형적인 서비스가 보다 큰 영향을 미치게 된 것이다. 여기에서 먼저 짚어야 되는 것이 서비스이다.

서비스에 대한 정의를 살펴보면 서비스는 일반적으로 '한 당사자가 다른 당사자에게 소유권의 변동 없이 제공해 줄 수 있는 무형의 행위 또는 활동'을 말한다.

많은 사람들이 CS라는 단어를 많이 사용하고 자주 사용하여 우리에게 익숙하게 느껴지지만 정작 그 뜻을 풀어 보면 저마다 다른 의미를 말한다. 서비스업계는 친절서비스로, 생산 중심인 제조업계는 AS로 여기며 그 외 대개 CS를 단순히 친절서비스로 국한 짓는다. 그러나 CS는 본래 고객 만족이라는 것을 기억하기 바란다.

고객을 만족시키는 일은 고객의 심리를 이해하는 것에서 출발한다. 좋은 첫 인상을 받을 때 그 관계성이 돈독해지듯이 사람의 심리는 복잡하고 다양하기 때문에 여러 측면을 복합적으로 고려해야 한다. 고객 만족을 떠나 고객 감동을 외치는 시대 상황, 그런데 아직도 고객 만족은 일선 서비스 접점에서만 관련되는 개념이라고 생각하고 있는 경우가 대부분이다. 서비스에 대한 이해는 현장에서 고객을 응대하는 서비스종사원의 일이 아닌 CEO부터 기획, R&D, 마케팅, 생산 등의 부문을 넘어 최말단 직원에 이르기까지 모두가 가지고 실천해야 할 고객 만족 마인드인 것이다.

고객개성화, 고품격서비스를 지향하는 고객의, 욕구를 이해한다면 진정한 고객 만족경영의 개념과 필요성에 대한 이해를 바탕으로 고객서비스(Customer Service)를 제공해야 하며 이를 위한 재화나 서비스 상품을 구입한 고객에게 제공하는 사전 및 사후 관리 서비스에 대한 질 좋은 서비스를 갖추기 위한 고품격 기술이 필요한 시점이다. 과거에는 따뜻한 미소, 상냥한 말투, 규격화되고 정중한 제스처, 숨소리까지 준비된 서비스 매뉴얼로 고객응대를 만족으로 가능했다 해도 이제 서비스 종사원의 셀프리더십, 커뮤니케이션의 기법, 이미지관리, 서비스마인드 그리고 서비스종사원 개개인의 능력을 통해 고객과의 우호적인 관계 형성과 동시에 그 브랜드에 대한 감정적인 유대감을 낳게 되고, 재방문을 통한 궁극적인 목표인 높은 고객충성도를 끌어낸다.

충성고객, 단골 고객화를 위해서는 고객의 요구와 욕구를 제대로 읽어야 한다. 이러한 서비스에 대한 고객 만족을 창출하기 위해서는 먼저 서비스의 주요 특성을 잘 이해해야 한다. 다음 서비스의 특징 4가지를 제대로 정의하고 살펴보고자 한다.

서비스의 네 가지 특징

1. 무형성(intangibility)

서비스는 구매하기 전에는 눈으로 보거나, 맛보거나, 느끼거나, 듣거나 냄새를 맡을 수 없다.

2. 비분리성(inseparability)

서비스는 그것의 제공자와 따로 분리되지 않는다. 서비스종업원은 제품의 일부이기 때문이다.

3. 이질성(heterogeniety)

서비스의 질은 누가, 언제, 어디서, 어떻게 제공하는가에 따라 다르다.

4. 소멸성(perishability)

서비스는 나중에 판매하거나 이용하기 위하여 저장할 수 없다.

고객이 원하는 서비스 욕구 충족을 위해 지금부터 내가 갖추고 있는 고객서비스 기술과 나에게 필요한 서비스 기술을 작성하여 보자.

항목	점검 내용

고객 만족(Customer satisfaction)을 위해서 이런저런 것들을 해야 한다고들 하는데, 최고의 품질로 물건을 잘 만들어 내기만 하면, 고객들이 자연스럽게 그 물건을 산다고만 하면 특별한 노력 없이 고객 만족이 가능할거라 여기지만 외국 사례인 미국의 쥐덫 제조회사 울워스 사의 사례로 살펴본다면 고객응대의 가장 기본은 고객 욕구, 니즈 충족임을 알 수 있을 것이다.

사람들이 쥐를 잡기 위해 나무 쥐덫을 대부분 써온 것을 보면서 울워스 사에서는 디자인에 심혈을 기울여 위생적이고 최고 품질의 플라스틱 쥐덫을 만들어 냈다. 많은 시간, 투자비용을 통해 세계 최고의 품질로 쥐덫을 만들었음에도 불구하고 시간이 갈수록 고객들에게 외면을 당하게 되었다. 울워스 사는 실패할 이유가 없다고 생각했음에도 불구하고 시장에서 고객들에게 외면을 당한 이유는 무엇이었을까? 그것은 경영환경의 변화를 직시하지 못하고 무조건 좋은 품질과 디자인으로 고객의 마음을 얻을 수 있다고 생각하고 고객 지향적 사고가 아닌 상품집중에 투자를 해서 실패를 하게 된 것이다.

경영 환경이 급격하게 변화되면서 '만들기만 하면 팔리던' 상황에서 '남아도는' 시대로 바뀌었고, 고객 욕구는 점차 고급화, 다양화, 개성화되고 있다. 이런 실정에 기업 위주 사고로는 살아남을 수 없다는 인식이 기업 사이에 확산되고 고객서비스에 대해 많은 관심이 집중되고 있다. 그렇다면 '고객 만족'의 정확한 의미를 정의할 수 있어야 한다. 고객 만족은 고객이 실제로 상품, 재화, 서비스를 구매한 후의 소비 경험과 고객의 사전기대가 어느 정도 일치하느냐에 따라 결정된다'고 정의할 수 있다.

즉, 고객 만족이란 기업이 아닌 바로 고객이 주체가 되어 고객이 원하는 것을 충족시킬 수 있는 제품과 서비스를 제공함으로써, 고객을 만족시키면, 결국 기업의 궁극적인 목표인 이익극대화를 달성할 수 있어야 한다는 것이다.

그렇다면 위의 미국 '울워스'의 쥐덫 사례를 다시 떠올려보면 울워스는 세계에서 제일 튼튼하고 디자인이 멋진 쥐덫을 만들었지만, 고객들은 이 쥐덫을 외면하여 회사가 파산에 이르렀다 했다면 무엇이 문제였는지를 진단해보자.

첫 번째는 제품에 대한 고객의 본원적 욕구보다 제품 자체에만 치중했다는 것이다. 고객이 진정으로 원했던 것은 튼튼하고 디자인 훌륭한 쥐덫 그 자체가 아니라 쥐를 잡는 데 편리함, 해결책을 원했던 것이다. 두 번째로, 고객의 구매결정에 있어 영향을 미치는 요소로 우선순위가 있으며 제품에 따라 우선순위가 달라진다는 것을 생각하지 않았다. 마지막으로는 소비자들의 구매행위는 제품에 대한 사실보다 제품에 대한 소비자들의 인식에 의해서 결정되는 것을 간과했기 때문이다.

결국 경영활동에서 '고객'이라는 가장 중요한 요소가 배제된 상황에서 제품 자체에만 집중했기 때문에 실패했던 것이다. 이런 사고와 기업정신으로는 앞으로 치열한 시장경쟁에서 살아남을 수 없다는 교훈을 얻게 된다. 앞으로의 경영활동의 핵심 키워드는 바로 '고객'으로 고객의 욕구를 통해 이것을 만족시켜 줌으로써 이익을 창출하는 고객 지향적 사고만이 현재의 어려움을 극복하고 우량기업으로 지속적 성장이 가능하다는 것을 염두에 두어야 한다.

그럼 다음에 제시하는 내용을 읽고 답해보자.

나는 정말로 좋은 고객이다. 나는 어떤 종류의 서비스를 받더라도 불평하는 법이 없다. 음식점에서는 조용히 앉아서 종업원들이 주문받기를 기다리며 종종 나보다 늦게 들어온 사람들이 나보다 먼저 주문을 받더라도 나는 그저 기다리기만 할 뿐이다. 그리고 내가 무엇인가를 사기 위해 상점에 가는 경우, 나는 고객의 권력(?)을 휘두르려고 하지 않는다. 대신 다른 사람들에 대해서 사려 깊게 행동하려고 노력한다. 만약 무엇을 살 것인지를 결정하지 못해 여러 물건을 놓고 고심하고 있을 때, 옆에 서 있는 판매원이 귀찮다는 듯이 행동하더라도 나는 최대한 예의 바르게 행동한다. 언젠가 내가 주유소에 들른 적이 있는데,

종업원은 거의 5분이 지난 후에야 나를 발견하고는 기름을 넣어주고 자동차 유리를 닦고 수선을 떨었다. 그러나 내가 누구입니까? 나는 서비스가 늦은 것에 대해 일언반구도 하지 않고 그 주유소를 떠났다. 나는 절대로 흠잡거나 잔소리를 하거나 또 비난을 하지 않는다. 그리고 나는 사람들이 종종 하듯이 시끄럽게 불평을 늘어놓지도 않는다. 나는 그런 행동들이 쓸데없다는 것을 알고 있기 때문이다.

과연 누구인지 알겠는가, 고객 지향적 사고의 의미를 파악했다면 바로 알 수 있을 것이다. 이 고객은 바로 다시는 돌아오지 않는 고객인 것이다.

그러므로 고객접점의 서비스는 고객 욕구와 각종 고객 정보를 신속히 수집하여 관련 부서로 피드백하며, 고객의 욕구와 불만에 적극적으로 대응하고, 고객이 갖는 마이너스 감정을 플러스 감정으로 전환시키고 서운한 마음 또한 어루만져 주어야 하며 보다 친절하고, 보다 신속하며, 보다 정확한 업무 처리와 고객서비스를 하는 기업만이 살아남을 수 있다는 사실을 명심하기 바란다.

memo

2. 고객응대 프로세스 및 불만고객응대

1 고객응대 프로세스

고객응대서비스 하면 먼저 떠오르는 것이 친절, 신속, 미소가 서비스의 전부라고 생각하고 느껴본 적이 있을 것이다. 그러나 과거와 달리 고객들의 서비스에 대한 요구와 기대는 높아지고 있다. 수요보다 공급이 초과되는 지금에 있어 기업들의 생존을 위한, 고객 만족을 위한 시스템과 제도의 개선이 필요하다. 지금 현 시점에서 필요로 한 고객응대를 위해 필요한 변화는 무엇인가를 생각해 보자.

고객과의 관계 형성을 통해 서비스가 제공될 때에는 고객과의 관계가 형성되고 그 관계가 유지발전되며 서비스 품질에 대해서도 프로세스가 더 중요시된다. 서비스는 일상에서 흔히 접하는 익숙한 말이지만 한 마디의 말로 정의하기는 쉽지 않다. 무형의 상품과 판매와 연관된 활동이나 편익, 고객의 문제해결 등 조금은 다른 의미를 가진 활동이나 대상을 '서비스' 라고 정의한다. 경영 환경이 급격하게 변화됨에 따라 '만들기만 하면 팔리던' 기존 상황에서 공급이 '남아도는' 시대로 바뀌게 되었고, 시장 측면에서 업종 간의 경쟁이 심화되고 시장 개방으로 국경 없는 무한 경쟁시대가 되며 고객은 기업 생존의 절대적 원천이 된 것이다. 또 과거 고객은 기본적인 욕구 충족이 목표였지만, 오늘날의 고객은 계속 진화하여 고객욕구 수준은 점차 다양화되고, 고급화, 개성화되고 있다. 이제 단순히 기업 위주 사고로는 살아남을 수 없다는 인식이 기업들 사이에 확산되고 있으며 고객 만족에 대해 많은 관심과 빠른 응대 프로세스에 집중되고, 경쟁력이 된다.

그렇다면 여기서 서비스 프로세스에 대한 정의를 내려 보자.

서비스 프로세스란, 서비스가 전달되는 절차나 메커니즘 혹은 전달되는 활동들을 말한다. 일련의 과정들이 연속되는 속에서 생산활동이 이루어지며 거기에는 반드시 고객의 참여가 존재하고, 함께 결과물을 결정해 나가게 된다. 고객이 참여하여 결과물을 결정하는 과정 중 고객 만족이란 실제로 고객이 구매한 후의 소비경험과 고객의 사전기대가 어느 정도 일치하느냐에 따라 결정된다고 정의할 수 있다. 이 말은 고객 만족이란 기업이 아니라, 바로 고객이 주체가 되어야 한다는 것으로 고객 만족의 주체인 고객, 이 고객의 욕구를 찾아서 만족시킴으로써 조직의 목표를 달성하려는 이념을 고객 지향 경영이념이라고 할 수 있다. 고객이 원하는 것을 충족시킬 수 있는 제품과 서비스를 제공함으로써, 고객을 만족시키면, 결국 기업의 궁극적인 목표인 이익극대화를 달성할 수 있다는 이념이 된다. 사람이 살면서 다른 사람이 필요하고 원하는 것을 그 사람보다 먼저 찾아내서 주거나 '말하지 않아도 알아요'라는 CF멘트처럼 다른 사람의 필요를 읽어내고 그에 맞추어 알맞은 정보와 도움을 줄 수 있는 서비스응대 프로세스가 매우 중요함을 알 수 있다.

생각해보자. 지나간 연애시절 연애 초기만 해도 건강하게 보여서 좋고 이것저것 잘 먹는 모습이 복스럽다고 흐뭇해하던 상대가 이제는 많이 먹어서 보기 싫다고 구박을 하고 다른 사람들과 비교까지 한다. 서로를 잘 알고 있고 충분히 이해해 줄 거라고 생각했는데, 무엇이 문제인 것인가. 남녀 관계처럼 기업 역시 수시로 고객의 소리에 귀를 기울여야 한다.

고객들은 일상 속에서 매일같이 수많은 기업들을 접하게 된다. 고객들은 더 좋은 제품, 좋은 서비스, 체험 가치를 중시하며 이에 만족과 감동한다는 결론을 내리고 기업들은 고객의 가치를 높이고자 다양한 제품과 서비스에 최선을 다하며 고객평가제도를 통해 서비스 프로세스를 개선하고자 한다.

우리는 고객경제시대에 고객의 경험이 중시되어지고 있다고 했다. 고객 경험이 중시되기에 진실의 순간 모든 것이 결정되는 서비스품질 관리를 고려해야 한다. 여기서 스웨덴의 마케팅학자 리처드 노만의 성공과 실패를 가르는 사소함에 주의를 기울이고 스페인 투우용어로 투우사가 소의 급소를 찌르는 진실의 순간을 의미하는 용어를 서비스 품질관리로 대비해서 점검해보자.

고객응대 프로세스 중 부정적인 인식을 막기 위해『깨진 유리창』책의 내용을 인용해보면 굉장히 작은 것들, 사소한 것들이 모여 치명적인 결정타를 가져온다라는 것인데, 1%의 실수가 100%의 실패를 낳을 수 있다는 것이 중요 내용이다. 실제로 고객 입장에서 식당 화장실의 청결도 하나만으로 주방의 청결상태를 예측하고 결정하듯이 기업에서도 불친절한 직원 한 명 때문에 기업의 전체 이미지가 추락하게 되어 부정적 인식을 낳게 된다는 것이다.

그러므로 고객이나 소비자가 기업의 어떤 일면과의 접촉점에서 그 조직 및 품질에 대해 기업 이미지에 대한 인상을 받게 되므로 서비스 품질을 위해 투자 없이 고객 이야기를 들을 수 있는 분명 '보석 같은 존재이다'라고 이야기할 수 있다. 깨진 유리창을 제거하기 위함보다 최선의 방법은 예방이 먼저이다. 불만을 이야기하는 고객을 힘들어하기보다는 작은 부정적 이미지 하나도 예방할 수 있어야 도움이 된다는 부정적 인식을 제거하여 점검하는 태도를 가질 때 '진실의 순간(moment of truth)'이야말로 기업을 성공으로 이끄는 인재가 될 것이다.

그러나 회사에서는 고객 만족을 위해 시스템과 프로세스를 반영시켰는데도 정작 고객들의 만족도가 향상되지 않는다는 고민들을 하고 있다. 그것은 우리가 고객 만족도 개선 방향이 너무 외향적으로 보여지는 부분만을 고민했다고 볼 수 있다. 그러나 연구에 따르면 인간의 사고의 95%는 무의식 차원에서 발생하고 그것도 직설법이 아닌 은유를 통해 표현된다고 한다.

그래서 현실의 시장이 아닌 고객의 마음의 시장을 공략해야 한다고 한다. 경험을 통해 갖는 고객들의 느낌에서 평가되는 무의식적인 부분이 95%이기 때문이다. 예로 우리가 잘 아는 스타벅스를 보면 바로 스타벅스는 다른 커피숍들과 차별화되게 다른 곳에서 찾을 수 없는 독특한 경험과 체험문화를 디자인했다.

그것도 '고객의 입장에 맞추어진 서비스 콘셉트'라는 목표를 두고 거기에 맞는 경험을 디자인해서 7~8년 사이에 무려 5,000%의 매출성장을 볼 수 있는 커다란 성과를 달성했다고 한다. 앞의 사례를 보았듯이 '고객 경험관리'의 정의를 내리자면 고객 경험관리란, 서비스에 대한 경험단서들이 긍정적으로 형성될 수 있도록 하는 것이며, 서비스를 제공함으로써 가치를 창출하는 데 차별적인 위치를 제공하는 것을 의미한다.

여기에서 '경험단서'란 고객들의 경험을 구성하는 작은 단위로서 서비스 제공자의 목소리, 톤, 미소, 환경적인 부분, 제공과정 등을 볼 수 있다. 이러한 많은 단서들이 네트워크처럼 연결되어 총체적인 서비스로 고객들이 느낄 수 있는데, 여기에서 한 가지라도 부정적 인상을 주면 0(영)이 될 수가 있고, 별다른 인상 없이 지날 수 있는 것은 가치창출이 될 수 없다.

서비스 경제는 앞으로 그 비중이 계속 커질 것이며, 우리나라의 경우 2209년 기준으로 총 부가가치에서 서비스 산업이 차지하는 비중이 57%라고 하지만, 서비스 관련 업무를 하는 인력의 비중은 이보다 훨씬 높다. 이러한 서비스 범람의 시대에 고객이 만족할 수 있는 서비스 프로세스를 잘 할 수 있는 방법은 무엇일까. 첫째는, 만족시켜야 할 대상을 바꾸는 것이다. 즉, 가장 가까운 고객을 '나'로 인식하여 '나'를 진정으로 만족시킨다는 관점에서 서비스를 수행한다면 좀 더 즐거운 기분으로 자신의 업무를 수행할 수 있을 것이다. 둘째는, 고객이 기대하는 이상의 가치를 제공하려는 열정으로 고객이 기대하는 것보다 +1%를 더 제공한다는 생각으로 일을 수행하는 자세가 중요하다고 볼 수 있다.

2 불만고객응대

1) 클레임(claim)과 컴플레인(complain)

수요보다 공급이 많아진 시대로 소비자의 선택의 순간이 많지만 기업서비스는 일회성 거래이익이 아닌 고객과의 우호적인 관계 형성을 위해 경쟁력을 키우는 것이 필요하다. 기존의 제조업체들은 제품을 많이 만들고 잘 만들어 판매하는 것만이 아닌 제품과 함께 감성적인 서비스 결합으로 고객 만족도를 향상시켜야 기업이 생존하며 성장할 수 있다.

그렇다면 고객 불만이 발생하는 시점은 언제일까?

고객 불만을 응대할 때 필요한 5가지 기본 원칙을 살펴보면 크게 세 가지로 설명할 수 있다. 그중 한 가지가 피뢰침의 원칙으로 고객은 직원의 잘못을 탓하는 것이 아니라 기업의 제도와 시스템에 항의하는 것으로 불만고객을 응대하는 직원은 고객들을 맞이할 때 피뢰침 같은 역할을 하면 된다. 이 말은 불만고객을 응대할 때 되도록 고객의 감정적인 동요를 일으키지 않도록 해야 한다는 것이다. 두 번째 책임 공감의 원칙을 들 수 있다. 우리는 조직의 일원으로 기업을 대표하는 역할로 고객 불만을 책임져야 한다. 고객 입장에서는 누가 담당자이든지 중요한 것이 아니라 지금 불만 상황에 대해 해결책을 주는 것만이 중요하기 때문이다.

이때 적용되는 세 가지 방법 중 하나가 감정통제의 원칙이다. 특히, 불만고객을 대할 때는 자신의 주관적인 감정을 잘 다스리며 응대하는 것이 중요하다. 정리하면 불만고객을 응대할 때는 어떠한 상황을 불문하고 회사 입장이 아닌 고객의 입장에서 절제된 언어, 절제된 감정으로 인적서비스로 발생할 수 있는 고속화되는 불만을 막을 수 있도록 문제를 바라보도록 한다.

그 이유는 불만이 발생되는 상황이 특별한 상황으로 드러나는 것이 아니라 순간순간

고객과 접점사이 성의 없이 응대한다면 단순 불평, 불만이 아닌 컴플레인이 보상을 요하는 상황인 클레임으로 바뀌어 고객 불만의 감정 폭발로 변질될 수 있다. 고객은 모든 상황을 클레임화하여 어필하고 직원은 문제 상황의 정도에 따라 컴플레인, 클레임을 구분하려 한다. 해결과정의 미흡한 직원응대는 바로 '성의 없는', '귀찮음', '소홀함'으로 고객의 상황적 맥락을 무시한 채, 고객의 감정에 귀 기울이지 않는다면 터무니없고 귀찮은 불평으로 들리기 마련이므로 자신에게 습관화되어 있는 방법으로만 응대하여 무개념 고객으로 돌변하게 된다. 그 한 예로 하버드 대학의 로버트 로젠탈박사는 실험용 쥐를 학생들에게 나누어주고 두 그룹으로 나누어 한 그룹에는 천재 쥐를 맡기고 다른 그룹에는 바보 쥐를 맡겼다고 말했다. 그 후 6주간 실험 끝에 바보 쥐를 맡은 쥐들은 진짜 바보같이 행동했고 천재 쥐를 맡은 쥐들은 천재같이 행동했다. 사실 모두 같은 쥐로 실험을 했는데도 이러한 차이를 보이는 것은 결국 사람의 마음가짐이 결과에 얼마나 큰 영향을 미치는지를 보여주기 위한 실험이었다. 마찬가지로 우리가 고객을 응대하는 데도 불만고객을 응대하는 마음가짐에 따라 충성고객으로도 만들 수 있고 고객서비스의 핵심요소가 되며 기업의 경쟁력이 된다. 기술적으로 비슷한 서비스를 공급하면서 경쟁을 해야 하는 어떤 곳에서든 고객을 잘 배려하는 기업만이 눈에 띌 수 있기 때문이다.

다음 〈그림 12-1〉 살펴보자.

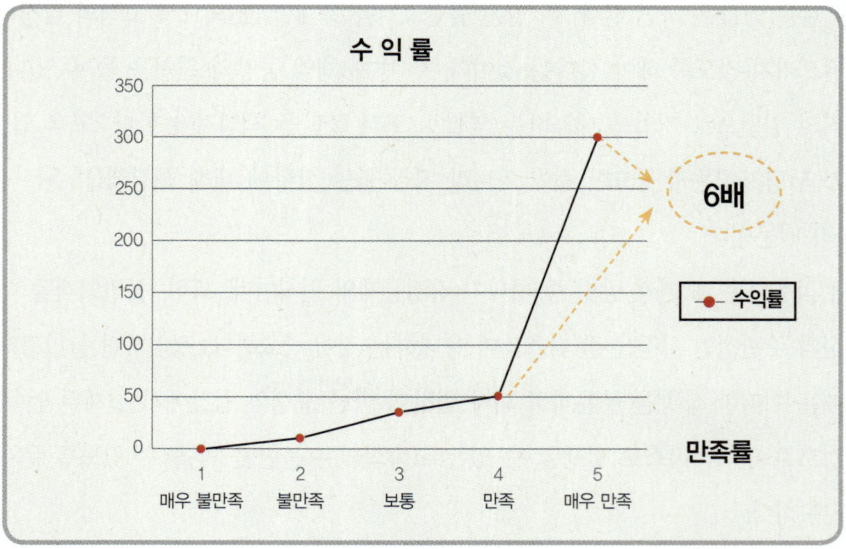

〈그림 12-1〉

불만고객이 중요한 이유는 불만고객의 문제를 해결하는 과정에서 회사는 문제점과 취약점을 개선할 수 있는 기회를 얻을 수 있고 불만 처리과정 중 만족한 고객은 재구매율이 높을 뿐만 아니라 주변의 다른 사람에게 만족감을 홍보하여 신규고객을 창출하는 역할로 연결되어 기업에 도움이 되기 때문이다. 실제 제록스사는 클레임 처리를 통해 약 6배에 달하는 수익률을 창출시켜 불만고객의 중요성을 다시 한번 증명하였다. 실제 고객의 불만을 처리하는 과정에서 고객과의 유대를 강화하여 충성고객을 만들 수 있는 최고의 기회라고 볼 수 있다. 실제로 고객들의 불만사항을 헤아려 생산된 제품에는 여러 가지가 있는데, 그중 우리가 익히 잘 알고 소비가 높았던 커피와 설탕 양을 조절할 수 있는 커피믹스, 낙서가 잘 지워지는 장판, 빨래 삶는 효과가 있는 세탁기 등 실제로 우리 주위에서 볼 수 있는 것들이 그 예가 된다. 이 모든 제품이 바로 고객의 불만을 통해 탄생된 것이다.

일반적으로 클레임을 고객의 불평으로 생각하는 경향이 있는데, 클레임과 컴플레인의 발생 원인은 접점 점원이나 기업의 대응이 기분 나빠서 발생할 때도 있다. 그러나 대체로 기업의 시스템이나 점원교육시스템이 원인이 되어 발생하는 것으로 기업이 고객의 요구나 기대에 대응하지 못했기 때문이다. 그렇다면 먼저 클레임의 사전적인 의미를 살펴보자.

클레임이란 자신이 누려야 한다고 생각하는 권리나 요구를 주장하는 것으로 불평, 불만을 제기하는 정도를 의미하는 컴플레인보다 좀 더 적극적인 형태를 의미한다. 클레임이 발생하는 이유 중 하나는 서비스를 이용하기 전에 서비스가 어떠했으면 좋겠다는 고객 사전기대 수준과 실제 제공된 서비스 차이에서 발생한다. 사전 기대에 비해 사후 만족도가 크다면 문제가 발생되지 않지만 고객이 기대했던 사전 기대치보다 사후 만족도가 낮을 경우 클레임과 컴플레인이 발생하게 된다. 또 다른 이유로는 서비스 종사원과 고객 사이의 입장 차이에서 발생한다. 직원은 직원 입장이나 회사 규정으로 인해 프레임이 형성될 것이고 고객은 고객 관점에서 생각하기에 충분히 발생할 수 있는 것이다.

근본적인 불만고객이 갖는 심리상태를 알아보자. 먼저 엘리자베스 퀘블리 로스 박사의 5단계 이론을 살펴보면 1단계-부정, 2단계-분노, 3단계-타협, 4단계-우울, 5단계-수용으로 불만고객의 감정 중 어느 정도 파악할 수 있는 노하우가 생긴다면 그 단계에 맞는 위로와 해결책을 제시할 수 있다. 무조건 규정이다, 안 된다, 죄송하다 보다는 불만고객의 감정에 관심을 가지고 어떤 말과 어떤 행동을 해야 하는지 생각하면서 응대할 수 있도록 한다.

사실 모든 고객들은 자기의 존재를 환영하고 예우해주길 바란다. 이것이 고객의 기본 욕구인 것이다. 이런 고객심리와 욕구를 잘 이해하고 만족시킬 수 있도록 더욱 세심히 배려하고 노력해야 할 것이다. 그렇다면 고객클레임 처리를 통해서 기업은 어떤 이익을 얻을 수 있는지 알아 보자.

클레임이 우리에게 주는 의미

① 불합리한 시스템을 재점검하고 개선할 수 있는 좋은 기회가 된다.
② 서비스 실패를 만회할 수 있는 기회가 된다.
③ 클레임, 컴플레인 고객을 만족시켰을 경우 충성고객을 확보할 수 있게 된다.

반대로 클레임을 제대로 처리하지 못했을 경우 기업은 엄청난 손실을 가져올 수 있다. 〈그림 12-2〉에서 처럼 기업의 입장에서 고객이 구매과정 전후조용하다고 해서 고객이 만족했다고 할 것인지 생각해본다면 그것은 바로 '예'라고만 할 수 없을 것이다.

〈그림 12-2〉를 한 번 살펴보고자 한다.

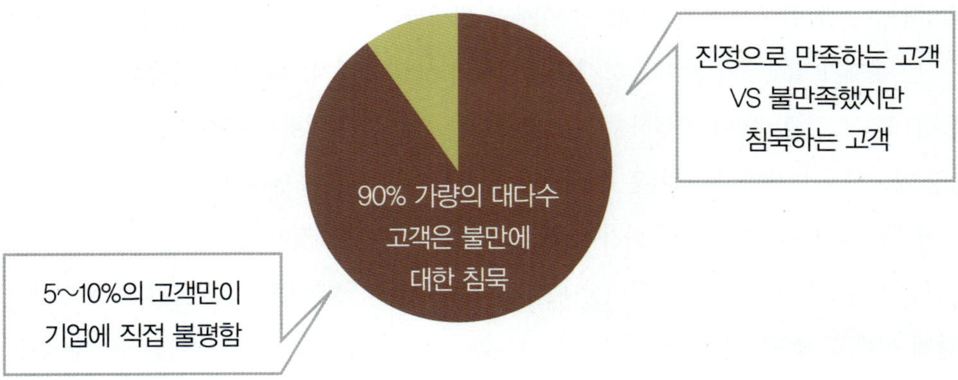

TARP사(Teahnical Assistance Research Programs, INC

〈그림 12-2〉

TARP사(통계에 의하면 불만족한 고객의 5~10%만이 기업에 직접 불평을 토로할 뿐, 90%가량의 대다수는 침묵을 지킨다고 한다. 알고 보면 말없이 조용한 고객은 두 가지 유형으로 하나는 진정으로 만족한 고객이고, 다른 하나는 불만족했지만 침묵하는 말없는 고객이다.

고객이 불평, 불만을 제기했을 경우 영국 공정거래 위원회의 불만고객의 재구매율을 보면 재미있는 결과를 얻을 수 있다. 고객 불만이 있을 경우, 그 불만이 만족스럽게 처리되면 4분의 3이 같은 상표의 제품을 다시 산다는 것이 밝혀졌다. 이때 불만이 제대로 처리되지 않았을 때는 2분의 1 정도만이 같은 제품을 구입한다는 조사를 놓고 본다면 고객의 불만이 해결되어 고객 만족도를 유지하면 확실히 이윤이 증가한다는 것을 알 수 있다.

더 중요한 것은 불만족하면서도 불평하지 않은 고객의 3분의 2는 구매하고자 하는 상품 브랜드를 바꾸었다는 사실이다. 불평을 하는 고객이 불만족하면서도 불평하지 않는 고객보다 반복구매 경향이 훨씬 높게 나타났다. 이는 컴플레인이나 클레임을 제기한 불만족한 고객이 불만족하면서도 전혀 불평을 하지 않는 고객보다 앞으로 재구매할 가능성이 훨씬 높다는 것으로 이러한 사실로 본다면 침묵하는 고객보다는 클레임과 컴플레인을 제기하는 고객에게 더 감사해야 할 것이다. 클레임을 제기하는 고객들은 어떤 심리로 문제를 제기하게 되는지 살펴보면 대부분 선의적인 입장과 상황 속에 불편함을 호소하거나 해결해달라는 욕구를 말하고 싶어 한다. 지속적인 거래를 하는 데 있어 심기가 불편하기에 이의를 제기하는 것이다. 따라서 클레임이 만족스럽게 해결되면 신규고객 창출에 도움을 주고 잠재고객층에게는 긍정적인 구전효과가 있으므로 클레임 상황을 무조건 부정적으로 악덕 소비자 수준으로 평가하지 말고 적절한 대응으로 문제해결점을 찾아 해결하도록 하는 긍정적인 태도가 중요한 시점이라고 할 수 있다.

고객 클레임은 언제, 어느 순간 발생할지 모르기 때문에 언제든 처리할 수 있도록 준비하고 있어야 한다. 클레임 상황이 발행하지 않도록 클레임과 컴플레인을 처리하는 과정 중에 유의할 점으로는 친절한 응대화법 및 태도가 유기적으로 이루어질 때 가능하다.

클레임이 발생했다면 먼저 Stop• Think• Choose를 기억하도록 한다. 이 말은 일단 자신의 감정을 통제하고 생각한 후 최선의 선택을 결정한 후 행동으로 옮겨야 한다는 의미이다.

고객이 큰 소리 친다고 덩달아 목소리가 높아져서는 안 되며, 끝까지 냉정함과 침착함을 견지해야 한다. 진지하게 경청하고 정중한 자세로 사과하면 고객의 마음은 가라앉게 되어있고, 이를 통해 호감을 가질 수도 있다. 이것이 바로 고객의 이중적인 심리인 것이다. 분명한 것은 고객과의 다툼에서 누가 이겼느냐가 아니라 그 다툼이 끝난 다음 고객이 어떠한 감정을 갖게 되느냐 하는 것으로 고객이 잘못한 경우라도 현장에서 고객을 몰아붙이거나 잘잘못을 낱낱이 분석하는 행동은 자제하며 있는 사실 확인만 정중히 설명하도록 해야 한다는 것이다. 고객과의 논쟁에서 얻는 것은 자사에 대한 신뢰를 잃는 것이고, 최일선 접점 직원의 대응으로 고객 불만과 불평을 선물로 여기며 전사적으로 고객충성도를 높일 수 있도록 잘 대응한다면 돈을 절약할 수 있어 경영성과에도 성공으로 가는 지름길이 될 것이다. 또 고객 입장에서는 문제해결을 위한 방안을 물었을 뿐인데, 직원이 이를 일방적으로 해석하여 고객을 마치 악성 불만 고객인 양 취급하고 이 과정에서 고객의 자존심을 상하게 함으로써 어이없게 상황이 악화되어 버리는 것이다.

고객의 불만, 불평소리를 듣게 된다면 고객의 의도를 미리 예측하여 서비스 매뉴얼대로만 결과를 내리는 경우가 있는데, 매뉴얼식 응대는 고객의 감정을 자극할 수 있기에 대안과 의지를 한꺼번에 전달할 수 있어야 한다. 신중하게 접근하여 불편한 감정을 먼저 듣고 정중하게 고객의 불편을 해결하도록 한다.

또 '죄송합니다'를 너무 남발하여 더 극한 감정을 격하게 하는 경우가 있는데, 형식적이고 무의미한 행동은 보이지 않도록 한다. '죄송합니다'를 잘 활용하기 위해서는 최소한의 횟수로 제한해서 전략적으로 사용하도록 한다.

불만을 토로하는 고객을 응대할 때 서비스 종사원이 자기도 모르게 직·간접적으로 고객을 무시하는 언행을 하는데, 어떠한 경우라도 고객이 무시당하고 있다라든가, 뻔한 불평고객이라는 느낌을 받지 않도록 더욱 세심하고 적극적이며 정중한 느낌으로 응대하도록 한다.

고객이 인터넷에 올린 '폭언녹취' 파일이 올린 지 한 달 만에 접속건수가 200만 건에 달하고 일본 소비자운동단체 홈페이지에는 연일 항의성 메일이 접수되었던 사건을 기억하는가? 바로 '도시바 폭언'사건이다. 도시바 측은 처음에는 무슨 소리냐며 되레 고객 측에 문제가 있음을 강력하게 항변, 여론의 화살을 피하려 했지만, 소비자들의 항의가 점차 제품불매운동으로 번질 조짐을 보이는 등 고객 불만의 감정 폭발로 이어지게 되자 그때서야 고객의 입장에서 상황을 인식하고 뒤늦게 해결하고자 하여 도시바 브랜드 이미지에 엄청난 손실을 초래하였듯이 초기에 소홀하게 응대하고자 하는 미흡한 행동은 그때는 불만이 아닌 인적서비스에 대한 불만으로 변질되어 더 큰 손해를 가져오게 된다.

그러므로 불만고객에 대한 올바른 마음 태도를 갖추는 것이 우선이며 불만 고객의 요구와 진정으로 원하는 요구사항이 긍정적이든 부정적이든 집중적으로 분석하고 긍정적 교류가 이루어질 수 있도록 유연하게 대처하는 적극적인 상황대응력이 필요하다고 할 수 있다.

그러므로 클레임을 처리할 때는 먼저 고객의 심적 고통을 먼저 헤아리는 자세가 중요하고 고객 말을 적극적으로 경청하고 그 뜻에 맞게 대응하도록 해야 한다. 고객의 하소연이 하소연으로 치부되지 않도록 그 문제의 심적 고충과 항의 내용을 인정하고 사과하도록 하며 이때 고객의 표정과 제스처 및 음성언어를 통해 불만 정도를 인지하고 정중한 화법과 관심으로 "심적 고통을 드린 점에 대해 진심으로 죄송합니다"라고 인사한 후 저자세의 느낌보다는 차분하고 안정된 음성으로 명확하게 전달하는 등 상황적 공감능력으로 '고객의 불만 상황을 해결하도록 노력하고 있다'는 것을 전달할 수 있어야 한다.

그 후 고객의 말에 공감을 표하고 고객 입장을 헤아리며 경청하고 불만을 가지게 된 원인을 분석하도록 한다. 경청을 할 때 상대방의 의도를 미리 추측하여 말실수를 하지 않도록 하며 불만사항이 무엇인지, 무엇을 요구하고 욕구를 말하는지를 잘 듣고 중간 중간 공감을 통해 편안하게 고객이 불만을 토로할 수 있도록 도우며 중간에 말을 자르거나 소홀하게 응대하는 태도를 보이지 않도록 한다. 이때 공감할 때는 형식적인 고개 끄덕임의 공감보다는 이성적 해결방안으로 최대한 불편함을 해소하도록 애쓰겠다는 점이 느껴질 수 있도록 분위기를 조성하며 공감하도록 하고 공감하며 분석하는 것은 책임 소재를 찾아 명백히 누구 책임인지를 규명하자는 것이 아니라 무엇을, 어디에서부터 해결할 것인가의 시작점을 찾는 것이므로 고객이 이야기하는 동안 메모를 통해 두 번 묻지 않도록 핵심 내용을 나열하며 정리한다. 고객 이야기가 끝나면 응대자는 간단명료하게 요점을 짚어 다시 간단하게 설명한 후 확인하는 것이 좋다. 분석이 끝났다면 그 부분에 대해 충분한 설명과 함께 고객의 불만을 해결할 수 있는 방안을 만들고 고객과의 동조를 한다. 물론 실질적인 상황에 협상을 해도 흡족한 해결이 되지 않을 수 있지만 어떤 해결도 만족스럽지는 않기에 고객의 부드럽지 않은 태도를 헤아리고 이해하는 태도가 중요하며 몇 가지 대한을 준비하여 순차적으로 방안을 제시하여 해결방안이 잘 받아들여질 수 있도록 고객의 협조를 구한 후 다시 한번 고객의 불만에 거듭 사과를 한다. 사과 시에 진심으로 미안한 마음을 행동으로 표현하여 의도하지 않게 제 2불만을 만들지 않도록 주의해야 한다. 이때 불만이 해소되었다면 따뜻한 미소와 함께 잘못된 서비스과정을 다시 한번 점검할 수 있게 됨을 진정성 있는 자세와 감사의 태도로 전하고 고객의 뒷모습이 보이지 않을 때까지 배웅 인사를 하면 된다.

| 불만 처리 시 Do & Don't |

고객과의 업무상 문제가 발생하는 경우 초기 대응을 어떻게 하느냐에 따라 향후 문제 해결 과정에서 큰 영향력을 미치게 된다. 먼저 상대의 입장에서 생각하고 행동하는 태도를 보이며 고객의 불편한 사항을 먼저 헤아리며 성급하게 규정을 먼저 설명하지 않아야 한다. 그리고 자신의 개인적 감정으로 고객을 주관적으로 판단하며 적절하지 않은 감정을 드러내지 않도록 해야 하며 상대가 생각하는 옳고 그름의 가치를 바꾸려고 하지 않아야 한다. 고객이 바라는 것은 발생 문제와 근본적인 원인에 대한 즉각적인 조치와 함께 그에 대한 물질적 보상이라고 생각하기 쉽지만 고객의 현재 마음상태, 불쾌한 감정을 외면한 채 진행되는 과정과 보상은 결과적으로 문제 상황이 해결되었다고 말할 수 없다.

| 불만고객을 응대할 때 지켜야 할 사항 |

먼저 사과를 한다. 사과를 한다는 의미는 기업 제품이나 서비스가 전적으로 잘못되어 사과하는 것이 아니다. 그러므로 끝까지 고객의 불편사항을 인내심을 갖고 경청한 후 최선의 해결책을 제안하고 되도록 신속한 처리를 통해 동의를 얻도록 한다. 만약 대안을 제시한 후에도 고객의 불만이 과속화된다면 다시 한번 사과를 정중하게 하고 고객에게 진심을 전달한 후 다른 직원이 불만을 처리함으로써 우리 기업이 이번 일을 소중하게 여기며 다시는 재차 이런 일이 발생하지 않도록 최선을 다하겠다는 노력의 모습이 우선 되어야 할 것이다.

| 고객을 화나게 하는 상황 응대 |

고객이 불만을 말한다고 같이 흥분을 하면 안 된다. 이미 상황적으로 감정이 흥분되어 있는데, 고객에게 상황 설명을 한다고 가르치듯이 이성적으로 논리적으로 조목조목 따지듯이 설명하는 것 또한 고객의 감정을 더 고조시키는 결과물이 된다. 또한 고객을 의심하는 행동도 고객을 화나게 하는 경우이다. 고객이 언급한 불만사항에 대해 취조하듯이 질문을 하는 것도 불쾌감을 주는 경우이다. 어떤 경우라도 책임소관 운운하며 정당화하지 않도록 해야 한다. 또 무작정 뚜렷한 해결책 없이 연신 사과만 하는 것도 앵무새처럼 느껴질 수 있으니 고객과 공감하며 적절한 사과와 함께 대안을 찾아 제시하도록 한다.

| 불만 고객을 대응하는 5단계 기술 |

- 1단계(고객에게 사과하라) : 고객의 불만사항을 이야기할 때 고객의 표정, 음성, 사용하는 단어 등의 표현을 파악하여 정중한 자세를 취하도록 한다.
- 2단계(경청과 공감) : 고객의 말을 미리 추측하여 결과를 내지 않도록 하고 고객말 속의 이면 욕구까지 읽도록 하고 중간 중간 적절한 공감과 적극적인 반응을 보이며 최대한 불편함을 해소할 수 있도록 돕겠다는 모습을 보이도록 한다.
- 3단계(원인분석, 사실 확인, 정중한 사과) : 원인분석을 하는 이유는 책임여부를 찾기 위함이 아니라 해결점을 찾기 위한 질문임을 표현하며 감정에 거슬리지 않도록 화법에 신중해야 한다.
- 4단계(해결, 대안 제시) • 단계에서는 실질적인 고객과의 불만을 해결방안을 제시함으로써 고객 마음을 헤아리려는 태도를 일관성 있게 보이도록 한다. 이로써 모든 것이 해소되었다고는 할 수 없지만 적어도 불편한 마음으로 돌아가지 않도록 규정화된

매뉴얼에 의지하지 않도록 하며 회사 입장에서 대변하는 것이 아닌 고객 입장이라는 부분을 강조하는 등 최선을 다하도록 한다.

• 5단계(동조, 감사인사) : 해결하고자 하는 부분이 잘 받아들여 질 수 있도록 의지를 전달하고 어렵게 결정해 준 것에 대한 모든 부분은 고객의 이해였음을 깊이 감사드리며 다시 한번 부족한 불만요소에 거듭 사과와 함께 감사인사를 하도록 한다.

불만고객 응대 Process

- H(Hear Team Out) : 적극적 경청
- E(Empathize) : 깊은 공감
- A(Apologize) : 정중한 사과
- T(Take Responsibility) : 책임

이러한 대응방법으로 고객의 쓴 소리를 통해 고객 불만을 해결해준다는 생각은 버리고, 고객을 만족시키고 평생 좋은 관계 형성유 지를 하는 과정으로 생각하도록 한다.

고객불만응대 자세를 정리하면 다음과 같다.

고객입장에서 생각하며 고객이 어떤 대우를 받길 원하는지, 무슨 말을 듣고 싶어 하는지를 먼저 고려해야 한다. 그 다음 고객을 최대한 배려하는 관점으로 표명하고 공감을 표시하도록 한다. 섣불리 회사 규정을 이야기하며 논리적으로 대응하지 않도록 한다. 고객의 이야기를 충분히 경청한 후 현재 시스템상 운영 여건에 문제가 있다고 이야기한 후 양해를 구하며 충분한 입장 표명과 고객의 요구를 파악한 후 적절한 보상과 대안을 제시하도록 한다.

예로부터 몸에 좋은 약은 입에 쓰다고 했듯이 불만고객의 항의하는 우리가 생각하지 못한 부분을 개선할 수 있게 하고 기업의 사업과 서비스가 더 발전할 수 있게 한다는 사실을 이정해야 한다. 보물이 있는 곳을 알려주는 사람, 그들이 바로 불만고객인 것이다.

참 / 고 / 문 / 헌

1. 김영란 외 6인(2012), 프로패셔널 이미지 메이킹, 경춘사.
2. 김용선(2011), 뷰티색채디자인, 예림.
3. 미래서비스아카데미(2009), 글로벌매너, 새로미.
4. 박정준 외 5인(2000), 관광과 서비스, 대왕사.
5. 손일락 외 2인(2006), 국제매너의 이해, 한올.
6. 숙명여자대학교(2012), 환영받는 인재, 시그마프레스.
7. 신향선(2003), 패션&뷰티를 위한 컬러 이미지메이킹, 국제.
8. 심윤정 외 3인(2016), 서비스 마인드와 글로벌 매너, 양성원.
9. 오경화 외 4인(2007), 패션 이미지 업, (주)교문사.
10. 원융희(1999), 글로벌 에티켓, 자작나무.
11. 이경미(2014), 글로벌 비즈니스 매너, 한올.
12. 이경손외 2인(2011), 패션 스타일링을 위한 코디네이션, (주)교문사.
13. 이인경(2013), 인파워&서비스이미지메이킹, 백산출판사.
14. 이재희 · 최인희(2016), 비즈니스 커뮤니케이션(2판), 한올.
15. 이형국 외 2인(2015), 커리어디자인, 한올.
16. 정미영외 3인(2011), 이미지메이킹과 서비스 매너, 청람.
17. 조영대(2010), 글로벌 에티켓과 매너, 백산.
18. 주영애 외 2인(2010), 매너와 이미지메이킹 플러스, 신정.
19. 지희진(2016), 글로벌매너와 이미지 스타일링, 한올.
20. 한국MBTI연구소 http://www.mbti.co.kr/
21. 한혜숙 · 김현주(2015), NCS기반 비서실무, 새로미.
22. CCI 색채연구소 신향선(2009), 마음을 움직이는 배색플래닝, 디지털북스.

저자약력

지 희 진

- 숭실대학교 대학원 경영학 박사

현) 중부대학교 교양학부 교수

한 혜 숙

- 경기대학교 대학원 경영학 박사

현) 경남정보대학교 항공관광과 교수

박 연 희

- 숙명여자대학교 대학원 교육학 석사

현) 중부대학교 교양학부 겸임교수

최 인 희

- 경주대학교 대학원 관관경영학 박사

현) 경기대학교 서비스경영대학원 초빙교수

윤 현 조

- 동국대학교 대학원 경영학 석사

현) 중부대학교 교양학부 겸임교수

퍼스널이미지와 매너

1판 1쇄 인쇄 2016년 12월 25일
1판 1쇄 발행 2016년 12월 30일

저 자 – 지희진 · 한혜숙 · 박연희 · 최인희 · 윤현조
발 행 인 – 강철원
발 행 처 – 양성원
주 소 – 경기도 파주시 월롱산로 71(야동동)
전 화 – 031-946-3861(代)
팩 스 – 031-946-3864
이 메 일 – tnwpub@naver.com
홈페이지 – tnwpub.co.kr

출판등록 – 2015년 8월 31일 제2015-000211호

ISBN 979-11-87118-89-3

정가 18,000원